师范类专业认证背景下
高专师范生教学实践能力提升研究

姜 维 著

中国商业出版社

图书在版编目（CIP）数据

师范类专业认证背景下高专师范生教学实践能力提升研究 ／ 姜维著. -- 北京 ：中国商业出版社，2024. 12.
ISBN 978-7-5208-3264-9

Ⅰ. G655.1

中国国家版本馆CIP数据核字第202476QK39号

责任编辑：陈　皓

策划编辑：常　松

中国商业出版社出版发行

（www.zgsycb.com　100053　北京广安门内报国寺1号）

总编室：010-63180647　编辑室：010-83114579

发行部：010-83120835/8286

新华书店经销

定州启航印刷有限公司印刷

*

710毫米×1000毫米　16开　10.25印张　155千字

2024年12月第1版　2024年12月第1次印刷

定价：78.00元

* * * *

（如有印装质量问题可更换）

前　言

　　师范生是教师队伍的后备力量，其培养质量将会在很大程度上影响到教师队伍的整体发展水平，进而影响到教育事业的发展质量。教学实践是师范生培养过程中的关键环节，教学实践能力作为师范生的核心能力之一，其培养日益受到重视。高等院校必须结合师范类专业认证的要求，重新界定师范生教学实践能力的内涵，厘清其构成要素，加大对课程设置、教学方法、训练模式等方面的调整力度，进一步提高师范生的教学实践能力。

　　小学教育是整个教育事业的基础，要提高整个教育事业的质量必须从小学教育抓起，而师范专科学校是培养小学教师的主阵地，其人才培养质量直接影响到小学教育事业的发展水平。鉴于此，本书以师范类专业认证为研究视角，结合对某师范专科学校的调查情况，了解了高专师范生的教学实践能力及其培养现状，从教学设计能力、教学实施能力、教学评价与反思能力及教学研究能力四个方面探讨了高专师范生在教学实践能力方面存在的不足，并从课程设置、教学方法、训练模式、评价反馈、协同培养、条件保障六个方面分析了高专师范生教学实践能力培养过程中存在的问题，提出了解决问题的路径，以期推动高专师范生教学实践能力的全面提高。

本书在对现有理论成果进行综合分析的基础上，界定教学实践能力的内涵，有助于更好地把握教学实践能力的本质特征，从而为教育工作者提供更为明确和科学的指导。

本书以师范类专业认证为研究视角，重新解析了教学实践能力体系的构成要素，有助于把握师范生教学实践能力的关键要素，为培养师范生教学实践能力指明方向。

本书系统梳理了我国师范类专业认证工作的组织与实施过程，探讨了师范类专业认证的发展脉络，并对师范类专业认证的标准和评价体系进行了深入分析，对当前师范类专业认证的研究成果进行了有益补充，并能切实增强师范生教学实践能力培养的针对性，积极响应师范类专业认证的要求。

在本书的创作过程中，笔者的同事、家人为本书的写作提供了宝贵的支持与帮助，在此一并表示感谢。由于时间、水平有限，书中难免存在疏漏之处，恳请广大读者批评指正，以便笔者在未来的研究中不断完善和提高。

目　录

第一章　导　论 / 1

　　第一节　研究背景、意义及思路 / 3

　　第二节　国内外研究现状述评 / 6

　　第三节　相关概念界定 / 11

第二章　我国师范类专业认证溯源 / 13

　　第一节　我国师范类专业认证的历史演进 / 15

　　第二节　我国师范类专业认证的意义和价值 / 18

　　第三节　我国师范类专业认证的内涵 / 26

第三章　师范类专业认证背景下高专师范生教学实践能力提升
　　　　　研究的理论基础 / 37

　　第一节　反思性实践理论 / 39

　　第二节　过程模式课程理论 / 42

　　第三节　建构主义学习理论 / 53

　　第四节　教师专业发展阶段理论 / 62

　　第五节　安德森认知技能获得理论 / 68

第四章　师范类专业认证背景下高专师范生教学实践能力体系
　　　　　重构　/　75

　　第一节　教学设计能力　/　77

　　第二节　教学实施能力　/　88

　　第三节　教学评价与反思能力　/　95

　　第四节　教学研究能力　/　98

第五章　师范类专业认证背景下高专师范生教学实践能力及其培养现状
　　　　　调查　/　103

　　第一节　调查设计与实施　/　105

　　第二节　高专师范生教学实践能力现状分析　/　108

　　第三节　高专师范生教学实践能力培养存在的问题分析　/　116

第六章　师范类专业认证背景下高专师范生教学实践能力提升路径
　　　　　探索　/　125

　　第一节　课程设置　/　127

　　第二节　教学方法　/　130

　　第三节　训练模式　/　132

　　第四节　评价反馈　/　134

　　第五节　协同培养　/　136

　　第六节　条件保障　/　138

参考文献　/　143

附　录　/　147

第一章　导　论

第一节　研究背景、意义及思路

一、研究背景

在师范生培养中，教学实践是关键环节，教学实践能力是核心素养，其培养日益受到重视。师范院校必须结合专业认证标准的要求，重新界定师范生教育实践能力的内涵，厘清其构成要素，加大对专业培养目标、教师教育课程设置、教育实践模式等方面的更新和调整力度，进一步提高师范生的教育实践能力。[①]

因为师范类专业认证标准中有对师范生教学实践能力的要求，所以各地各校把培养师范生的教学实践能力作为推动认证工作的重要内容，并积极探索实践。小学教育是教育事业的基础，师范专科学校是培养小学教师的主阵地，其人才培养质量影响着小学教育的发展水平。基于此，本研究结合师范类专业认证要求，聚焦高专师范生的教学实践能力，通过探讨其提高路径来推动师范类专业内涵建设，提高师范生的培养质量。

二、研究意义

（一）理论意义

众多学者从不同角度对师范生教学能力开展了研究活动，并取得了

---

① 彭艳红，廖军和.专业认证背景下师范生教育实践能力结构及指标体系构建[J].贵州师范学院学报，2018，34（3）：72-79.

显著成果，教学能力理论也一直在不断发展和完善，但聚焦于师范生教学实践能力开展的研究并不多，基于师范类专业认证背景探究师范生教学实践能力提高路径方面的研究更少。师范类专业认证是师范类专业人才培养质量是否达到既定质量标准的外部评价机制，对师范生培养提出了新的要求。因此，以师范类专业认证为视角，针对师范生教学实践能力培养进行相关研究具有重要的理论意义，可以为师范生的教学实践能力培养提供更为全面、有效、针对性强的指导，进一步丰富有关师范类专业认证及师范生教学实践能力提高的研究成果。

（二）实践意义

1.有助于提高师范生的专业能力和自我发展能力

专业能力是教师从事教育教学工作的基本条件。对师范生而言，教学实践能力是师范生专业能力中的核心能力之一，具备高水平的教学实践能力是其成为合格教师的必备条件。本书旨在通过提高师范生的教学实践能力，促进他们在未来的教育教学工作中发挥更大的作用。通过问卷、访谈等调查方式来了解师范生的教学实践能力及其培养现状，分析其中存在的问题，把握当前师范生教学实践能力中的短板、弱项，并从师范生教学实践能力培养的角度来探讨师范生教学实践能力的影响因素，在结合师范类专业认证要求的基础上提出更为具体的、可操作性强的策略，有针对性地从课程设置、教学方法、训练模式、评价反馈、协同培养、条件保障等方面建立有利于师范生教学实践能力提高的保障网，可以为师范生教学实践能力提高设计更为系统、全面的路径，切实提高师范生的培养质量，使他们在实际教学过程中能够更好地应用所学知识和技能，提高其专业能力。

在现代社会，教师的角色日益复杂，对其教育教学工作能力的要求也越来越高。因此，师范生需要具备较强的自我发展能力，以应对不断变化的教育环境。通过深入研究师范生教学实践能力，可以帮助他们更好地认识自身的优势和不足，提高自我评价和自我调整能力，从而实现师范生持续的专业成长，有助于提高师范生的自我发展能力。

2. 有利于整个教师队伍的专业发展

师范生是未来的教师，是教师队伍重要的后备力量，其能力素质会直接影响到整个教师队伍的专业发展水平。深入研究和探讨师范生教学实践能力的提高路径，不仅关乎师范生个体的成长和发展，更关乎整个教师队伍的质量提高和教育事业的健康持续发展。一批具有扎实教学实践能力的师范生加入教师队伍，能够带来新的教育理念和方法，为教师队伍注入新的活力，优化教师队伍结构。此外，提高师范生的教学实践能力还能增强教师队伍的稳定性。如果师范生在入职前就具备出色的教学实践能力，就能够更好地适应工作环境，降低职业挫败感，从而更愿意长期投身于教育事业。

3. 有利于促进学生成长成才

教学实践能力的增强能够使师范生在实习或正式从事教师职业的过程中更好地理解学生的需求与特点，设计合理的教学方案，运用多样化的教学手段和教学方法，激发学生的学习兴趣，更有效地传授知识，引领学生发展，为学生提供更优质的教育服务。

4. 为社会可持续发展提供人才支撑

从社会发展的宏观层面考量，高专师范生教学实践能力的提高有助于为社会培养更多高素质的人才，更好地传承文化知识，培养学生的创新思维和实践能力，从而推动社会发展进步。

三、研究思路

师范生是明日之师，是教师队伍未来的中坚力量与后备源泉。加强师范生的职前培养，持续不断地提高师范生的综合素质，直接关系到教师队伍整体的专业发展水平，进而对教育质量产生深远影响。

在师范生的整个培养流程中，教学实践是至关重要的环节。为深入了解师范专科学校师范生的教学实践能力及其培养的实际状况，本书结合师范类专业认证要求，重新构建了师范生教学实践能力体系，并且，围绕师范生教学实践能力的构成要素精心编制了访谈提纲和调查问卷（见附录），针对某师范专科学校师范生的教学实践能力及其培养的现状展开了全面深入的调查研究。同时，对调研所获取的数据进行仔细的整理、统计及分析，深度剖析其中存在的问题。

在以上基础上，以师范类专业认证作为研究视角，从课程设置、教学方法、训练模式、评价反馈、协同培养、条件保障六个方面对师范生教学实践能力提高的路径展开了深入思考。

第二节　国内外研究现状述评

一、国内外研究概况

在师范类专业认证方面，国外研究主要集中在教师教育专业认证的标准、课程、教学等方面。教学实践能力主要集中在教学实践能力的范畴、维度方面，同时，重视对教师职前阶段教学实践能力养成机制和培养模式的研究。国内关于师范类专业认证的研究主要集中在实施策略方面，即对在我国如何开展师范类专业认证提出了具体的建议。在背景性研究方面，多是以师范类专业认证为研究背景，来探讨人才培养、专业建设、学校发展等方面的路径。我国学术界对师范生培养的研究越来越多，教学实践能力作为师范生的核心能力之一，自然也备受关注。笔者在中国知网上以"师范生教学实践能力"为检索条件进行了搜索，梳理了近十年中国知网上收录的有关师范生教学实践能力的研究文献，发现当前国内的研究主要集中在以下几个方面。

（一）师范生教学实践能力结构的构成要素研究

不少学者对师范生教学实践能力结构进行了探讨。有部分学者认为，教学应包括教学前准备、教学中实施和教学后完成（发展）三个阶段，因此可以根据教学过程的不同阶段划分教学实践能力。如刘晓茜将师范生教学实践能力划分为三阶段、六能力，即准备阶段中的教材处理能力和表达能力、实施阶段中的课堂教学能力和教学监控能力，以及发展阶段中的教学评价和创造能力。[①] 王璇认为教学实践能力应包括教学设计能力、课堂教学能力和教学发展能力。[②] 此外，谢鸿等学者运用数理统计、逻辑分析等方法，结合教育部颁布的指导性文件和专家学者的意见，构建出体育师范生教学实践能力评价模型，认为体育师范生的教学实践能力应包括体育教学设计能力、课堂教学实施能力、教学效果评价能力、体育教学反思能力，并根据这四种能力划分出更具体的 17 种能力。[③] 综

---

① 刘晓茜.高等师范院校学生教学实践能力培养研究：以新建本科师范院校为例 [D].沈阳：沈阳师范大学，2011.

② 王璇.本科师范生教学实践能力的培养研究：以山东某师范院校为例 [D].曲阜：曲阜师范大学，2015.

③ 谢鸿，陈玉群，罗发智，等.体育教育专业师范生教学实践能力评价指标模型的构建研究 [J].体育科技文献通报，2023，31（6）：160-164，274.

上，可以发现，学者对教学实践能力的研究主要有以下特点：一是教学实践能力不是一种单一的能力，而是一种复杂的专业能力，是包含了多种能力的综合能力；二是教学实践能力不再仅仅被看成教师进行知识传授过程中的一种能力，而是一种持续发展的能力。因此，学者在研究教学实践能力时不仅关注教学设计、实施等环节，还将研究的视角聚焦在教学评价、反思及研究等方面。

（二）师范生教学实践能力的现状调查研究

在对师范生教学实践能力的现状调查研究中，多数学者是以某地或某校为调研对象开展实证研究，在对调查结果进行统计分析后指出其中存在的问题，并提出对策建议。张人崧等学者以某校小学教育专业为研究对象，结合问卷和访谈等调研方法指出了师范生在基础能力、操作能力和发展能力方面存在的问题，并从课程设置、教学实践活动、教学技能训练等方面深入剖析了原因，并提出了针对性建议。① 吴敏贤以师范类院校和设有师范专业的综合性大学为例，对师范生的教材理解能力、学习分析能力、目标分析能力、教学设计能力、教学掌控能力、教学技术能力六个方面进行调查，发现师范生在教学目标定位、基础技术能力、掌控能力、学习分析能力方面存在短板。②

部分学者对某师范专业师范生的教学实践能力现状进行调查研究，分析、发现其中存在的问题。如李红玲立足国家教师资格考试背景，对数学师范生的教学实践能力进行抽样调查，从面试评分大纲、面试内容和面试失分原因三个方面进行了抽样分析，并提出了师范生教

---

① 张人崧，姚庆霞.高校师范生教学实践能力现状及培养研究：以 Y 大学小学教育专业为例 [J].现代职业教育，2019（25）：14-15.
② 吴敏贤.高校师范生教学实践能力现状及对策研究 [D].镇江：江苏大学，2020.

学实践能力的培养策略；① 马燕妮以体育教育专业公费师范生为研究对象，指出了公费师范生在专业知识掌握、教学设计、教学过程发展、教学经验、个体发展意识、学情分析、学生群体分析等方面存在不足。②

以上研究有以下特点：一是以多所高校为研究对象，有对普通师范院校开展调研的，也有对部属师范院校开展调研的；二是以某校某个专业为研究对象开展调研，如对体育教育专业、数学教育专业、英语教育专业等不同专业师范生的教学实践能力现状开展调研；三是调研问题既有教学实践能力方面的问题，也有教学实践能力培养方面的问题，即学者不仅研究师范生在教学设计能力、教学掌控能力等教学实践能力上存在的问题，也研究、分析教师教育课程设置、教学方法运用、教学技能训练等培养环节中存在的问题；四是以公费师范生、定向师范生等特定群体为研究对象开展调研。

（三）师范生教学实践能力的培养研究

部分学者对如何提高师范生的教学实践能力进行了思考，有学者从一个视角切入，提出师范生教学实践能力的培养策略。如曲亚丽通过探讨如何将"双导师制"应用在教学实践能力培养环节中，对"双导师+"教学实践能力培养模式进行重构与完善。③ 郭多华等学者认为，师范生教学实践能力的形成是一个长期的过程，对教学实践能力的培养不能仅集中在某一个阶段，而应贯穿到师范生在校期间的全过程，探讨了教学

---

① 李红玲.数学师范生教学实践能力的抽样调查与培养探究 [J].西昌学院学报（自然科学版），2019，33（4）：120-124.

② 马燕妮.体育教育专业公费师范生教学实践能力现状调查研究 [D].重庆：西南大学，2022.

③ 曲亚丽.本科师范生"双导师+"教学实践能力培养模式研究：以青海师范大学小学教育全科专业为例 [D].西宁：青海师范大学，2017.

见习、教学练习、教学研习、教学实习组成的四个层次递进的教学"四习"培养路径的实施步骤和关键环节，对全程化培养师范生的教学实践能力作了一定的探索。① 郑国萍等学者利用计算机网络技术，依托线上慕课平台、教育资源云平台等教育资源，探索构建线上教学和线下教育实践相融合的培养模式，以充分发挥线上教学和线下教育实践的优势，形成合力，提高师范生的教学实践能力。② 部分学者从课程设置、评价体系、实践环节、技能训练等多维视角设计了师范生教学实践能力提高路径。如朱月指出，要想提高学生的教学实践能力，必须从教学基本知识、基本技能入手，从校内实训过渡到校外实践，严格遵循教学实践的评价体系，推进教学实践成果的反馈，从而不断提高学生的教学实践能力。③这表明，越来越多的学者在思考培养策略时能突出"实践导向"的理念，提出要提高实践课程比例，要开展教学技能训练，要重视教学见习和教学实习这些实践环节等。

（四）相关性研究

部分学者基于行动者网络理论、协同育人理念、"互联网+"、科学实践观、教师资格国考、教师教育课程标准、卓越教师、师范类专业认证等不同的视角对师范生的教学实践能力进行了关联分析，阐述了对师范生教学实践能力的要求，指出了师范教育中存在的问题和师范生教学实践能力存在的短板，并紧扣其研究视角提出了提高师范生教学实践能

---

① 郭多华，张晓丹，周兰，等.高师院校本科师范生教学实践能力培养的全程化探索[J].成都师范学院学报，2021，37（4）：63-69.
② 郑国萍，孙秋霞，侯开欣，等.基于师范生教学实践能力培养的混合式教学模式研究：以河北科技师范学院小学教育专业为例[J].办公自动化，2022，27（3）：59-61.
③ 朱月.高校师范生教学实践能力培养模式研究[J].辽宁师专学报（社会科学版），2022（5）：112-115.

力的针对性建议。

二、研究现状评析

教学实践能力是师范生专业素养的重要组成部分,决定着未来教师队伍建设水平的高低。目前,有关师范生教学实践能力的研究较多,有理论研究,也有实证研究,还有从不同视角来探讨师范生教学实践能力提高路径的研究,研究成果丰富,研究视角多元,研究方法多样,但是针对加强师范生教学实践能力的对策建议,不够深入具体,可操作性有待加强。开展师范类专业认证工作是推进师范院校内涵建设、增强师范类专业办学质量、提高师范生专业素养的重要举措,以师范类专业认证为研究视角来设计提高师范生教学实践能力的路径重要且必要,亟须深入开展这方面的研究。

第三节　相关概念界定

一、师范类专业认证

师范类专业认证工作自 2014 年开启试点以来,一路砥砺前行,发展至今,已在全国范围内成功构建起了比较成熟完备的认证体系。不少省份和高校积极响应,全力推进师范类专业认证工作。

通常情况下,接受认证的师范类专业需要交由专门性的教育评估认证机构,严格依照既定的认证标准,对其人才培养质量展开全面、细致且深入的考查。其目的在于充分证明在当前及可预见的未来一段时间内,该专业是否能够切实达到预先设定的人才培养质量标准。

师范类专业认证是推进教师教育质量保障体系建设的关键一招，是提高师范类专业人才培养质量的重要举措，对于推进师范类专业的内涵式建设、大幅提高师范类专业人才培养的质量具有重大意义。一方面，促使师范类专业不断优化课程设置和教学方法，以更好地满足社会对高素质教师的需求；另一方面，为师范类专业的发展提供了明确的方向和标准，激励各高校加大对师范类专业的投入和支持，以便为我国教育事业的蓬勃发展输送源源不断的师资力量。

二、高专师范生

高专师范生主要指在专科学校中就读师范类专业的学生，毕业后一般投身于小学、幼儿园等教育教学领域。结合前文所述，本书研究的对象主要是主修小学语文、小学数学、小学英语、小学音乐等教育专业的高专师范生。

三、教学实践能力

本书结合学者对教学实践能力内涵所作的界定及师范类专业认证的要求，对教学实践能力作出以下定义：教学实践能力指的是教师基于正确教育理念的指导，根据课程标准及学生身心发展规律，运用学科教学知识、教育理论知识和信息技术知识，进行教学设计、实施和评价，能对教学经验进行反思和提炼形成实践性知识，研究、解决具体教学实践中的实际问题、完成教学活动所需的能力集合。

第二章　我国师范类专业认证溯源

第一节　我国师范类专业认证的历史演进

我国师范类专业认证的发展脉络体现了从基础的教育评估到深入的专业认证的转变，此过程涉及制度建设、政策指导及实践应用多方面，具体可分为以下几个阶段。

一、从教育评估迈向专业认证的阶段（1985—2013 年）

我国对高等教育质量的评估始于 20 世纪 70 年代末期。1985 年，教育评估的概念被正式提出，教育管理部门需联合教育界、知识界及用人部门定期对高等学校的办学水平进行评估。

自 1985 年至 1990 年，我国开始了关于高等教育评估的初步探索，积极尝试建立起一套初步的评估体系。这一时期主要集中于对院校教育水平的全面审视，特别关注院校的教育资源和师资建设情况等关键领域，旨在通过对院校的办学质量进行客观评价，及时发现问题，为院校发展提供有价值的反馈和建议。1990 年，我国逐步构建了更细致的评估体系，包括对本科教育的合格评估、优秀评估及随机性水平评估。[①]

2003 年，我国开始实施本科教学工作水平评估，这标志着我国首次全面的全国性教育质量评估正式启动。此次评估的范围十分广泛，覆盖了全国 589 所高等院校，深入探讨了在教育普及阶段出现的教育质量下降的问题，并进行了有效改进。这次全面评估工作的实施标志着我国高等教育评估制度初见雏形。

---

① 瞿振元.本科教学工作审核评估的常态化建设[J].重庆高教研究，2020，8（3）：5-10.

2013 年，我国高等教育的本科教学工作审核评估正式启动，这一重大改革淡化了传统的等级划分观念，并对评估标准进行了根本性的优化。此次评估将标准细化为 39 个观测点，鼓励各高校根据自身实际情况，重点围绕五大核心维度，即教育质量、教学条件、师资力量、学生发展及社会贡献，开展自我评估。此举不仅提高了评估的综合性和准确性，也标志着我国高等教育评估体系逐渐走向成熟。这种系统的评估为师范类专业认证的推行提供了坚实的基础和广阔的视野，也为后续更多领域的专业认证模式提供了参考和借鉴。

值得一提的是，根据华东师范大学 2009 年启动的专业评估工作情况可以发现，外部整体评估在实际操作中存在一定局限性，难以充分发挥以评估促进教学建设的实质效应。这种局限性激发了高校对专业建设的积极性，尤其是在面对国家工业经济发展需求和高校教育供给侧结构性矛盾时更显迫切。特别是在工程类专业方面，这种需求催生了对高等教育质量更高要求的诉求。从 2006 年开始实施工程类专业的认证试点工作。这一认证不仅仅关注诊断性评价，更注重如何通过评估推动教育可持续改进。之后，工程类专业认证的成功经验被逐步推广至师范类、农学和其他人文社会科学领域，这表明专业认证制度已经从单一领域的试点探索拓展到更广泛的专业领域，不仅提高了各专业的教育质量，也促使教育评估体系多元化和国际化。这充分说明，专业认证是时代发展的必然趋势，通过一系列的发展和改革，将为我国高等教育的高质量发展和人才培养提供更加有力的保障。

二、从师范类专业认证试点到全面发展阶段（2014 年至今）

2014 年，师范类专业认证试点工作启动，这是国内师范教育质量控制体系的重要革新之举。试点工作逐步积累了经验，为在全国范围内推广师范类专业认证奠定了基础。

2015 年，师范类专业认证在我国的发展进入关键阶段，开始从局部地区试点向全国范围实施过渡，其关键任务：全面优化和完善专业认证标准、系统研究并科学制定具体的认证办法、积极探索可行的认证实施模式。

2017 年，师范类专业认证在全国正式实施，并确立了重要的认证理念，突出了学生中心、产出导向和持续改进这三个观念。认证不只是教育质量评估工具，还是第三方机构对专业建设的社会公证。这种公证要在全国统一专业标准下进行，确保各方接受和认可认证结果。师范类专业认证成为衡量专业是否达到国家教育质量标准的依据，能清晰展示学校教育资源和教学过程。师范类专业认证的正式实施，不仅是对师范教育质量的一次全面审视，也是提高教育系统透明度和公信力的关键举措。通过制定统一的认证标准和程序，为全国的师范教育提供了一个明确的质量评价依据，使得师范教育有了更具操作性的规范。认证机构在整个认证工作中扮演着第三方评估的重要角色，对专业建设进行社会认证，确保每一项认证活动都符合全国通行的专业标准，不仅增强了师范类专业认证的权威性，也提高了其在大众和教育界的认可度。通过这样的认证活动，教育行政部门能向社会各界清晰地展示高校的办学情况和教育资源，进而加强教育质量的监督并提高高校办学的透明度。

从试点到全面实施，师范类专业认证体系逐步完善，最终构建起覆盖全国的正式体系。师范类专业认证的实施和推广，与高等教育质量的综合审核评估紧密相关，而审核评估的结果也为专业认证的全面开展提供了良好的时机和坚实的基础。有的学者认为，师范类专业认证不仅是高等教育质量评估领域上的一种拓展性延伸，更是在要求和层次上的显著深化。这种认证把对高等教育质量的评价从宏观的院校层面细化到了具体的专业层面，深入课程体系、实习实践环节及教师教育能力等微观层面，提高了评估的精度和深度，有效地将教育评估的焦点从整体转移到细节，这在提高人才培养质量方面发挥了至关重要的作用。

2020 年，我国从教育工作评价、学校评价、教师评价、学生评价及用人评价等方面进行了总体部署，为新时代系统推进教育评价改革提供了根本遵循。在这一背景下，师范类专业认证再次被明确提出，表明要在教师教育领域大力推行一种独具创新的评估制度。此制度的核心在于纠正教师教育评价当中所存在的非科学导向问题，从而为实现新时代教师教育评价改革的目标给予强有力的支撑，并实现突破性的进展。通过持续完善和积极改进专业认证制度，师范类专业认证有望成为促进我国教师教育现代化、科学化的重要力量，为培养更多高素质教师提供坚实的保障。

第二节　我国师范类专业认证的意义和价值

2011 年，教育部将中小学教师资格考试转变为国家统一开展的考试，这一具有深远意义的变革确保了师范类专业和非师范类专业的应试者在入职中小学教师的起点设定上毫无差异，这对师范教育领域产生了深远的影响，促使相关院校重新考虑和调整师范生的培养策略。为了提高师范类专业的重要性及其毕业生的市场竞争力，众多师范院校修改了其人才培养目标和课程设计，确保课程设置紧密围绕教师资格证的考核要求。特别是在师范类专业种类繁多的院校中，这种趋势表现得尤为明显。院校希望通过这种方式使毕业生能顺利通过教师资格证考试，获取进入教师行业的资格。

目前，师范类专业认证采用三级监测体系，对专业的基本质量状况进行分类管理，促使不同的师范院校对自身的人才培养体系进行深入反思和优化，进一步明确了人才培养目标和定位，此举激发了我国师范类专业的办学活力和动力。在师范类专业认证的三级标准中，各级别的认证对师范院校及其学生产生了不同的影响。达到一级认证的师范类专业有资格开展教学活动；二级认证则允许师范生可以不用参加国家组织的教师资格面试，在只通过笔试的情况下取得教师资格证；三级认证则进一步允许师范生在学校内参加教师资格笔试和面试，毕业即可取得教师资格证。那些办学历史悠久，在招生、培养过程及质量控制方面已经建立了完善体系的师范类专业，通常能迅速通过二级认证甚至三级认证。通过高级别的认证，能减轻该校师范生参与教师资格证考试的压力，这些院校能将更多的精力集中到特色培养、教学改革及质量提高等方面。特别是那些通过三级认证的院校，它们将工作重点聚焦在培养卓越师范生，成为我国师范教育高质量发展的引领者。对于那些师范教育培养体系尚未成熟的师范类专业，通过师范类专业认证，也可以抓牢基础，确保达成质量标准。推动师范类专业认证工作，不仅顺应了教育发展提出的新需求，还成功引入了新颖的教育理念，对师范教育产生了深远且积极的影响。

一、从师范类专业发展来看

（一）构建了我国师范类专业认证体系

我国全面推行师范类专业认证，首次确立了国家师范类专业认证标准。认证标准良好地适应了我国师范教育的独特属性，同时，认证体系以及相关的制度文件得以逐步完善。师范类专业认证自 2014 年开始进行试点，到 2017 年正式实施，历时三年之久。师范类专业认证标准的制定是由高等教育教学评估中心主导，汇集了多方智慧与力量的结果。在这一过程中，参与者进行了专项研究、广泛的调研与充分的座谈，收集各方建议并反复修订完善。这一标准在试点阶段已开始试行，为专业建设提供了科学的规范，引导专业建设向更深层次发展，并完善了教师教育的质量保障体系，成为教育改革发展中的重要突破。

认证体系借助其严谨规范的流程和标准，确保了全国师范类专业认证质量的一致性和公平性，为师范类专业发展提供了有力保障。这一体系还充分体现了行政部门在简政放权、放管结合及优化服务方面的理念，标志着教育治理模式的创新和变革。

（二）摆脱了我国师范类专业发展的困境

实施师范类专业认证，有效地平衡了师范类专业在师范性和学术性之间的矛盾，帮助其走出发展困境。首先，国家多次强调师范教育的重要性和专业性，提出要加大对师范院校的支持，进一步理顺师范教育的管理体制，明确师范院校在教师培养中的主体地位和核心作用，不断提高教师培养和培训的质量。高度肯定了师范类专业的地位，强化了其师范特性。其次，师范类专业认证中核心理念的提出，引导师范类专业在坚持学术追求的过程中重塑师范类专业体系，为其发展指明了方向。

（三）塑造了我国师范教育发展的新范式

在当今竞争激烈的时代背景下，教育创新受到了广泛的关注。众多学者投身于此，探索教育发展的新路径。教育创新的成功实践必须建立在科学的理念之上，这样才能在实际操作中达到预期的成效。因此，要清醒地认识到，教育创新并不仅仅涉及教育内容的多样化或是教学方法的革新，还涉及对现有教育范式的深刻反思和重构。

在学术领域，"范式"指的是一组根深蒂固的假设，这些假设在无形中影响了人们的思考方式和行动模式，从而定义了一个领域的基本结构和发展方向。这些范式就像是操作系统，如果不进行根本的更新和升级，仅仅依靠添加新应用是无法实质性提高系统性能的。师范教育目前所面临的发展困境，恰恰显示出旧有的师范教育范式不再适应社会发展的需求，亟须对师范教育的范式进行根本性的改变。

当思维框架一成不变的时候，问题将很难解决。旧的师范教育范式之所以被视为"旧"，是因为在许多核心问题上缺乏统一的认识，如在师范类专业的人才培养目标上，究竟是倾向于知识本位还是能力本位？这种不明确的目标容易导致课程设计和研究方向的混乱。如果目标定位于知识本位，可能会过分强调学科知识体系；而如果目标定位于能力本位，则会更加强调实践的重要性。这些矛盾和混乱使师范教育难以适应当前的教育改革和发展需求，因此，推进改革刻不容缓。

师范类专业认证是从旧范式向新范式转变、推进改革的一个重要抓手。这种新的发展范式关注师范类专业的发展问题，涉及发展的内涵、过程和目标等多个方面。新范式的建立是基于对社会需求的尊重和对专业特点的考量，在制度设计上强调公正性和保障性。师范教育的这种新范式孕育了大量的教育创新元素，进一步推动了教育的深入改革。

（四）促进师范类专业积极追求卓越

师范类专业认证的实施，重新强调了师范教育的重要性，为师范院校和师范类专业带来了希望和信心。师范类专业的认证不仅涉及标准的制定，还激发了专业的建设和对卓越的追求。我国的师范类专业认证采用了独特的三级体系设计的方式，并规定了认证结果的有效期限，说明认证结果不是一成不变的，而是具有周期性的。这种三级认证体系包括达标、合格、卓越三个层次，使得各类师范专业能够突破学校规格和层次的限制，独立追求卓越。这对于发展较慢的师范类专业和院校来说，是一个非常好的机遇；对于发展较快的师范类专业和院校来说，产生了一种被追赶的压力，这种压力促使其积极改革和优化专业建设。这种开放性和竞争性较强的专业发展生态不仅推动了师范类专业人才的培养，还带动了其他行业高素质人才的涌现。师范类专业的认证结果具有一定的有效期，这一设定凸显了"持续改进"的理念。"持续改进"的指导思想要求各类师范专业在认证的结论和标准指引下，采取实际有效的改进措施不断优化师范类专业建设，提高人才培养质量。

此外，三级认证体系使得教育行政管理部门能够更好地履行监管和指导的职责，为师范类专业进一步明确建设方向，并激励广大教师积极主动地从事教书育人的工作，努力培养出符合新时代要求的合格乃至卓越的教师。这种教育改革，通过一个关键点带动整个系统，无疑将极大地促进整个师范教育体系的发展。①

二、从教师队伍建设来看

（一）提高了教师队伍的整体素质

教师在教育事业中扮演着重要角色，在推动教育改革发展和提高教育质量方面具有不可替代的作用。因此，构建高素质的教师队伍对于加强学校内涵建设和提高教育质量至关重要，也是增强学校整体实力的关键因素。加强教师队伍建设，不仅能直接推动学校科学与健康发展，还能间接提高整个社会的教育水平。如何有效加强教师队伍建设，成为教

---

① 王红.专业认证给师范教育带来哪些改观[N].光明日报，2020-05-12（13）.

育改革和发展中的一项重要议题。在这方面，师范教育扮演了基础且关键的角色，它是培养高质量教师队伍的基石。

师范类专业认证为师范教育提供了必要的宏观指导和政策支持，这对于持续培养高素质的教师队伍有着积极影响，使得师范教育发展迅速，并在一定时期内取得了明显的成效。

（二）推动师范教育内涵式发展

随着师范类专业数量的增加，不仅传统的师范院校，许多综合性大学和非师范类大学也开始积极参与到教师培养中来。一方面，扩大了师资培养的规模；另一方面，引发了一系列新的挑战，尤其体现在教育质量的均衡性与一致性方面。诸多院校在专业发展水平和办学质量上的不均衡现象日益凸显，不仅影响了教师培养的效果，也对教师职业的整体标准提出了挑战。开展师范类专业认证工作是推进师范教育内涵建设的一个有效途径，通过系统的评估和引导，帮助师范类专业解决在内涵发展上的问题。

师范类专业认证涵盖了从专业建设的源头到教育过程及其成果的全方位评估。这种认证通过明确的标准和要求，为师范教育的各个阶段设定了具体的评价指标并明确了之后的改进方向，确保了教师培养工作的科学性和系统性。为了加强这种内涵建设并推动我国师范教育高质量发展，可建立一套科学、规范并符合国内教育发展实际需要的专业认证体系。此外，在专业认证的实施过程当中，逐步建立了针对师范教育质量的长效监督机制。凭借这种机制，师范教育能够在保持高水准的前提下，持续推进改革与创新。

在这一过程中，科学制定教师专业标准和教师教育课程标准，为明确师范类专业认证标准奠定了基础。这些标准的适时出台，不但明确了师范教育的发展方向和核心内容，还确保了教师教育的系统性和科学性。

（三）丰富教师培养的实践经验

2011 年，我国大力推进教师教育课程改革，对各地教育行政部门和师范院校提供了明确指导，其核心是深化教师教育改革，采取有力措施提高国内教师的培养质量，推动教师队伍向高素质、专业化发展。同时，规范了师范类专业课程设置，保障了教师教育课程的科学性和系统性，使其能满足未来教育对教师素质的要求。

为进一步规范师范类专业办学，建立教师培养质量保障体系，2014 年，教育部选取部分省份开展师范类专业认证试点工作，探索适合国情的认证模式。在此过程中，认证标准不断完善，流程持续优化，积累了丰富的实践经验。

1. 探索出激励教师培养工作的有效机制

2017 年，针对师范类专业毕业生，如果其所在学校通过了三级认证，他们在完成课程学习后，可以直接参加中小学教师资格考试的笔试和面试。这是对高质量师范教育的重要激励，明确表明不再无差别地授予教师资格证，而是将其发放情况与教育培养质量直接挂钩。该政策的实施意味着要对师范院校的教育质量进行严格分级，确保只有在教师教育专业培养体系足够成熟的情况下，才能赋予毕业生相应的荣誉和资格。这种做法充分体现了对教育质量的高度重视和严格要求。它促使师范院校不断优化课程设置、加强实践环节、提高教学水平，从而真正培养出符合教育发展需要的师范人才。

2. 推动我国师范教育与国际接轨

我国开展师范类专业认证工作，不仅促进了专业人才的深度培养，也意味着我国师范教育向国际化迈出了关键一步。新制定并开始执行的认证标准展现了国内高等教育评估向常态化发展的趋势，同时反映了国内师范教育在追求与国际标准接轨方面的决心与具体表现。

为确保并持续提高师范类专业人才的培养质量，需要加强教育部门与科技、文化等其他相关部门的密切协作。这种跨部门的合作有助于整合资源，创新教育策略，提高教育系统的整体效能。此外，要进一步强化国际合作，在充分考虑我国实际情况的基础上借鉴、吸收国际先进的教育理念和教学方法，勇于探索、守正创新，进一步推动师范教育的国际化进程，不断提高我国教师教育的国际竞争力和影响力。

3. 强化教师认同和职业素养是推进师范类专业认证的关键所在

在师范教育中，教师扮演着十分重要的角色。他们不仅承担着教育和训练的任务，更在专业认证过程中扮演着核心参与者的角色。作为课程和教学的直接负责人，教师的职责不限于教学本身，还包括依据师范类专业认证标准进行自我评估和推动教育教学质量提高。通过让教师全面学习师范类专业认证的标准，深入了解其内容、深远意义、基本原则、系统架构及职责分配，深度参与到专业认证的各个环节，强化教师对师范类专业认证的认同意识和对教育质量的保障意识，对于实现师范类专业认证目标、确保标准能被有效执行有着积极的作用。

教师的继续教育和专业发展是提高教育质量的关键，也是确保师范类专业认证工作有效推进的重要因素。通过定期的培训和自我评估，教师可以持续提高其专业能力，更新教学理念和方法，不断提高教学效果，从而在师范类专业认证过程中发挥更大作用，更好地满足学生和社会的需求。

第三节　我国师范类专业认证的内涵

一、师范类专业认证的基本理念

师范类专业认证过程中坚持的核心理念为"学生中心、产出导向、持续改进"。这一理念是师范类专业认证工作的指导思想，是整个认证过程的行动指南，体现在每一个具体的评估和改进活动中。"学生中心"理念要求教育活动必须始终围绕学生的需求和发展进行，"产出导向"理念则强调了教育成果的重要性。此外，"持续改进"理念要求教育机构不断评估和优化其教育实践和管理方法，以不断提高教学质量和学生的学习成效。对这些理念的全面把握和践行是进行有效认证的前提，也是推动专业改革的关键。缺乏对这些核心理念的充分理解和应用，将阻碍认证的实施，甚至有可能影响到专业教育改革的深度和广度。

（一）"学生中心"理念

教育模式已逐渐从传统的以教师为中心的模式转变为以学生为中心的模式。"学生中心"理念不仅要求优化和改革教学设计，还要求重新配置教育资源，以最大限度地满足师范生的学习需求和个性发展。这一理念强调以师范生的学习成效和职业发展作为评估教学质量的重要指标，并不断地对教学过程进行优化和改进，确保教育活动能够符合师范生的成长规律。

传统教育观念将教师放在一个突出的位置，主要强调教师对教学内容的传授，而非学生的主动学习。然而，这种以教师为中心的教育模式现在已无法适应时代发展的需求，现代教育需要教师扮演引导者和协作者等多重角色，让学生在学习过程中充分发挥主体作用，成为教育活动的中心。

建构主义教学理论为这一理念提供了理论支持，它源于对儿童认知发展的研究，强调学习者的主动性和参与度。建构主义教学理论认为，教学应当立足学生已有的知识和经验基础，通过知识的重新组织、转换和改造，促进学生的知识建构。该理论强调教师在教学过程中应更多地发挥辅助和支持的作用，而非主导整个教学活动。

在师范类专业认证中，建构主义教学理论也有一定的体现，强调教育活动设计必须尊重学生的主体性，并严格遵循学生成长的自然规律。教师的角色需重新定义，教师应当确保教学活动在促进学生个性化学习的同时，达到预定的教学效果。

在评价学生的学习效果时，应以学生在实际应用中的表现为主要标准，考查其是否能够利用课堂所学知识解决实际问题。同时，教师需要探索新的教学方法，以适应这种以学生为中心的教学模式。

在师范类专业认证标准中，"学生中心"理念充分体现在对教师资质的严格要求，以及课堂教学的精心设计上。在教师资质方面，要求教师要有引导学生自主学习的能力，具备关爱学生、理解学生需求的素养；课堂教学设计要以满足学生的学习兴趣和发展需求为出发点。此外，在制定培养目标和确保支持条件（经费、教育教学硬件）方面，也必须充分体现出这一核心理念。课程内容的选择和结构的安排，以及具体的实施，都需紧密围绕以学生为中心的教学目标进行，从多个层面满足学生的学习和发展需求。

（二）产出导向理念

产出导向教育，亦称为能力导向教育、目标导向教育或需求导向教育，是一种以学习成果为基础的教育理念。该模式着眼于社会发展与人才培养的需求，以增强师范生的发展成效为核心目标。其从师范生毕业时所取得的学习成果和职业发展能力着手，反向设计课程体系和教学环节。此外，该模式还涉及师资队伍和资源条件的配置，以及对师范类专业人才培养质量的评价等方面。

产出导向教育理念自 1981 年由学者斯巴迪（Spady）首次提出以来，迅速引起了广泛关注，并逐步成为很多国家教育改革的核心理念。该教育理念重视学生学习成果的实际应用，强调教育活动应与社会经济发展的需求紧密结合。

在师范类专业认证中，产出导向理念着重强调以师范生的学习成效作为核心点，依据师范类专业毕业生所需要具备的核心能力与素质来评估教育质量，密切关注学生接受教育之后的具体成果表现和实际能力水平。产出导向理念强调教育成效的评价应基于学生的学习成果，以确保教育目标的明确性和实现程度。[1] 该理念倡导在确立明确的成果产出基础上，根据学生的具体需求灵活设计教学方案，实施符合个体差异的教育策略，并采用科学有效的评价方法。从宏观上来看，产出导向理念要求人才培养与社会经济发展的新形势相适应，符合当前教育发展的主要趋势；从微观角度来看，该理念着重考虑学生的个体需求，确保教育活动真正以学生为中心。本质上，产出导向理念旨在革新现有的教育模式和教学实施过程，通过创新来培养能够适应未来挑战的创新型人才。[2]

---

① 杨静.教研结合培养研究生的创新能力 [J].实验技术与管理，2016，33（3）：26-29.

② 杨俊东，蔡光卉，罗亚军，等.低年级学生的生产参观实习教学的实践 [J].电气电子教学学报，2015（1）：46-48.

产出导向理念注重设定明确的学习产出标准，并与社会需求紧密对接，有力地挑战了传统教育中以教学过程为核心的固有模式。它强调从结果反思过程这一有效方式，积极探索行之有效的培养策略来改进教育活动。产出导向理念在当前的教育研究领域备受关注，其影响广泛而深刻，已成为众多教育研究者研究的核心理论之一。

如今，产出导向理念代表了一种教育范式的转变，它作为专业人才培养体系中的一项原则性理念，被广泛接受和实施。在此理念的指导下，认证过程主要聚焦在"产出""支撑""评价"三个核心方面（见表2-1）。这三大核心形成了一个系统的框架，指导教育实践不仅关注教学过程本身，还注重教学的实际效果和社会影响，确保教育活动和社会需求紧密相连，进而提高教育的质量和效率。

表2-1　产出导向教育理念下的认证关注内容

认证关注点	具体内容
三个产出	社会需求产出培养目标
	培养目标产出毕业要求
	毕业要求产出课程目标
三个支撑	毕业要求对培养目标的支撑
	课程体系对毕业要求的支撑
	课程教学对课程目标的支撑
三个评价	培养目标达成情况评价
	毕业要求达成情况评价
	课程目标达成情况评价

（三）持续改进理念

持续改进这一理念旨在建立一个围绕师范生核心能力素质要求的评

价与改进机制。该机制通过全方位、全过程的跟踪与评价，确保教学活动能持续优化。

持续改进的关键在于通过"评价—反馈—改进"的过程评估师范生的学习成果，并根据评估结果进行教学实时调整。这一过程形成了一个质量保障机制，确保师范教育与行业标准及用人单位的需求保持一致。此外，持续改进的范畴不只限于师范生在校期间的各类表现，还延伸至毕业生的职业发展轨迹和用人单位的满意度反馈。这种双重评价机制允许教育机构根据毕业生在职场的实际表现来调整和优化课程设计和教学策略，以实现专业人才培养质量螺旋式上升发展。

在师范类专业认证的理念当中，"学生中心""产出导向""持续改进"三个重要理念被予以同等程度的重视。在认证过程中，既要重视学生对基础理论和专业知识的掌握，又需要强调学生专业技能和实践能力的锻炼。同时，要确保教育活动紧密对接行业需求，把学生及用人单位对专业人才培养的满意度作为通过认证的重要标准。而持续改进理念在师范类专业认证过程中的实施强度可能还未达到理想状态，与其他教育理念相比，持续改进在实际操作中的应用还有很大的提升空间。例如，在部分师范院校中，对于教育质量的评价可能还不够全面和深入，反馈机制也未能充分发挥其应有的作用，导致改进措施的针对性和有效性不足。在当今快速发展的时代，社会对人才的需求日益多元化，教育技术不断革新，教育政策也在不断调整，教育领域面临着诸多新的挑战和机遇。为了培养出符合时代要求的高素质教师，师范类专业必须紧跟时代潮流，不断优化教育教学模式、课程设置及教学方法。

推进持续改进的理念，意味着要建立一套科学、动态的教育质量监测体系。不仅需要学校管理层的高度重视和支持，还需要全体教师的积极参与和配合。教师应当树立持续学习和自我提高的意识，主动反思教学过程中的问题，根据学生的反馈和评价结果及时调整教学策略。同时，学校要为教师提供必要的培训和资源支持，帮助他们掌握最新的教育理念和教学方法，使其提高教学能力。此外，持续改进理念的践行还需要师范院校加强与社会各界的合作与交流。师范院校应当积极倾听用人单位的意见和建议，了解市场对教师素质的最新要求，以便更有针对性地进行教育改革。通过与其他院校的交流与合作，可以借鉴成功经验，共同探索、创新教育模式和教学方法。虽然目前持续改进理念在师范类专业认证中的实施还存在一些不足，但只要充分认识到其重要性，不断完善相关机制，加强各方协作，就一定能够实现教育质量的持续提高，为社会培养出更多优秀的师范人才。

二、师范类专业认证的基本原则及任务

（一）师范类专业认证的基本原则

师范类专业认证强调在工作中要遵循统一体系、省部协同、高校主责以及多维评价原则。

1. 统一体系原则

师范类专业认证的统一体系原则涉及多个关键环节：发布认证标准，实施详尽的整体规划，并对参与认证的机构进行资质认定。该原则强调必须规范认证程序，以确保审议过程的严格性。该原则强调构建具有统一性的认证体系，以保证整个认证过程的标准化和认证结果的一致性。

2. 省部协同原则

省部协同原则涉及教育部与省级教育行政部门之间的密切合作，依靠合作来有效提高各方的统筹协调能力，同时充分挖掘专业化教育评估机构的专业优势。此原则强调通过整体设计、有效的衔接，以及明确的

分工，采取分批实施的策略来建立协同机制。建立协同机制是为了顺利、有序推进师范类专业认证工作，从而提高认证的效率和质量。

3.高校主责原则

高校主责原则强调高校在专业建设中承担的主体责任。此原则要求高校明确自身在专业发展中扮演的角色，积极进行专业自评，并建立专业质量的持续改进机制。此外，高校需完善其内部质量保障体系，进一步提高师范类专业的人才培养质量，确保教育成果达到优质水平和保持持续稳定。

4.多维评价原则

多维评价原则要求采用多种方法对专业教学质量进行综合监测与评估，包括将常态监测与周期性认证相结合，以保证持续性与时效性的平衡；将在线监测与进校考察相结合，通过技术手段与现场审核相互结合的方式来增强评价的准确性；将定量分析与定性判断相结合，从数据和实际情况两个方面评估教学质量；将学校举证与专家查证相结合，确保信息的透明度和评估的客观性。通过运用这些复合方法，可以多维度、多视角监测和评价专业教学的质量状况，及时发现问题，为制定针对性的改进措施提供准确依据，从而推动专业教学质量不断提高。

（二）师范类专业认证的任务

师范类专业认证的任务可以概括为以评促建、以评促改、以评促强三个方面。

1.以评促建

以评促建主要是通过持续的监测，确保高校加强师范类专业的建设和投入，确保师范类专业的办学条件达到国家基本要求。

2. 以评促改

以评促改主要是通过实施合格认证，促进高校在师范类专业教学中进行深入改革。这一过程特别强调培养模式和实践教学的创新，目的是保证师范教育的质量达到或超过国家的合格标准。在认证过程中，高校受到极大的激励，精准地识别和深入地解决教学过程中存在的问题，进而积极主动地采取行之有效的措施来优化教学策略并强化实践应用。这样的改革不仅提高了教学效果，也保证了教育质量的持续提高，使得师范类专业能够培养出更符合现代教育需求的师范人才。

3. 以评促强

以评促强主要是依托卓越认证的框架，引导师范类专业在精细化管理和强化质量上作出不懈努力。在确保教学质量满足国家基本标准的基础上达到卓越的水平。通过这种方式，构建一个立足成果、能够持续改进的质量保障机制，并着力培育出一种追求卓越的质量文化。例如，在课程设置方面，不断优化教学内容，引入前沿的教育理念和教学方法，以提高教学的深度和广度；在师资队伍建设方面，加大对教师的培训和支持力度，鼓励教师开展教育研究和创新实践，提高教师的教育教学水平。这样的策略持续且有力地推动着师范教育质量稳步提高，使得师范类专业能够源源不断地培养出具备高水平教育能力和强大国际竞争力的教师，这些优秀的教师在教育教学中能够运用先进的教育理念和方法，激发学生的学习兴趣和潜力，从而有效地提高教育成效和社会影响力。他们能够培养出更多具有创新精神和实践能力的学生，为社会的发展作出积极贡献。此外，具有国际竞争力的教师还能够促进教育领域的国际交流与合作，提高我国师范教育在国际上的声誉和地位。

三、师范类专业认证的对象、条件、基本程序

（一）师范类专业认证的对象、条件

普通高等学校师范类专业认证包括三个层次的监测与认证。第一级认证主要针对经教育部正式备案的普通高等学校师范类本科专业，以及经教育部审批的普通高等学校国控教育类专科专业。这一级别的认证是基础性的，确保专业符合国家教育标准。第二级和第三级认证则采用自愿申请的方式。对于那些已有三届以上毕业生的普通高等学校师范类专业，可申请进行第二级认证，这一阶段的认证旨在进一步验证和提高师范类专业的教学质量。成功通过第二级认证的师范类专业，如果拥有六届以上的毕业生，便有资格申请参与第三级认证。第三级认证是对专业教学质量的最高标准审核，专注于推动专业的卓越发展。此外，对于那些办学历史较长且社会认可度高的师范类专业，有特别规定允许其直接申请第三级认证，跳过之前的级别。这样的规定是为了激励那些在教育质量和社会影响力上表现出色的高等教育机构，加速其卓越发展。

（二）师范类专业认证的基本程序

1.第一级认证程序

第一级认证通过网络平台的数据采集方式进行，对师范类专业的办学基本信息进行持续的监控。这一认证过程主要分为三个阶段（见图2-1）。

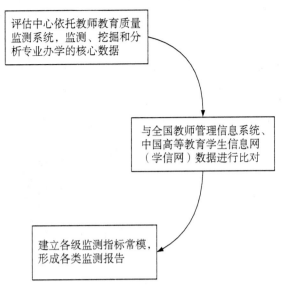

图 2-1　第一级认证程序

2. 第二级认证、第三级认证的基本程序

第二级认证和第三级认证对师范类专业的教学质量进行周期性的评估，采用的主要方法是专家团队进校进行现场考察。这一认证流程具体分为七个阶段（见图 2-2）。

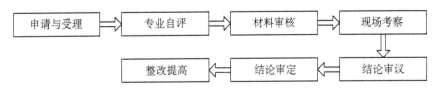

图 2-2　第二级认证、第三级认证的基本程序

师范类专业认证的结果不仅用于衡量教育质量，还具备广泛的应用价值，为多个领域提供重要的决策参考。认证的结果可以指导政策制定，优化资源配置，合理安排经费投入，为用人单位的招聘活动提供参考，同时为高考生填报志愿提供信息支持。在认证级别的具体应用中，通过第二级认证的师范类专业毕业生，其所在高校可自主组织中小学教师资格的面试考核，而这一权限在一定程度上减少了对外部考试的依赖，提

高了教师培养流程的效率。

通过第三级认证的师范类专业毕业生，其所在高校可独立组织完成中小学教师资格的笔试及面试工作。这种认证结果的应用提高了高校在教师培养方面的自主权，使高校能够更灵活、更有效地按照自身的教学质量和标准，直接评估和认定未来教师的资质。

第三章　师范类专业认证背景下高专师范生教学实践能力提升研究的理论基础

第一节　反思性实践理论

一、反思性实践理论的内涵

反思性实践这一概念最早由教育家唐纳德·舍恩（Donald Schon）提出，其思想深受杜威（Dewey）在《我们如何思维》（*How We Think*）一书中关于反思的定义的影响。在该书中，杜威将反思描述为对某个问题进行持续不断的深入思考。舍恩在此基础上进一步发展，提出"反思性实践"的概念假设，强调反思性实践绝非单纯的思考或者行动，而是二者的有机融合。

在舍恩的理论中，反思成为实践中不可或缺的一部分，其主张所有领域的从业者都应当对自己的行为和决策进行深入的反思。这种反思可能针对的是知识发展的各个阶段，也可能是个人或团队所作的决策。通过这样的审视和评估过程，从业者能够验证先前的假设，并探索其他潜在的决策方案。

这样的反思并不仅仅是对过往已有实践的简单回顾，更是推动实践持续改进的强大动力。只有当反思能够切实有效地激发学习的热情，并从实质上改变实践的具体方式时，反思性实践才能够真正地实现其核心价值。因此，反思既源自对实践的深度思考，也是以优化实践为明确目标的积极行动。它将个人内心深处的自省与外在的实际行为紧密地连接起来，从而形成了一个循环进步的动态过程，不断推动着个人在实践中持续成长和进步，让每一次的经历都成为提高自我、完善实践的宝贵机遇。

二、反思性实践理论的类型及应用

根据舍恩提出的反思性实践理论，反思性实践被划分为三个不同的类别：行动中的反思、对行动的反思、对行动中反思的反思。

（一）行动中的反思

"行动中的反思"是指实践者在行动过程中自发产生的内隐思维，这种思维往往是即兴的，未经深入和系统的思考。由于这种思考是在行动的瞬间进行的，因此其准确性可能无法得到保证。这种思维方式虽然可能存在偏差，但它对于应对突发情况和即时决策极为关键，尤其是在教学场景中，教师需要迅速适应和响应学生的不同反应和学习需求。

在师范类专业认证的背景下，对师范生而言，提高教学实践能力不仅仅需要系统的教育理论支持，还需要通过实际教学中的即时反思来不断调整和优化教学方法。行动中反思的能力是教师教学技能的重要组成部分，使教师能够在课堂上灵活应对各种情况，实时解决教学过程中出现的问题。

为了提高这种能力，师范教育机构应该设计相关的培训课程和模拟教学活动，让师范生实践并反思，在不断的实践中学会如何快速有效地作出教学决策。此外，通过案例分析和角色扮演等教学方法，师范生可以更好地理解和学习如何在教学中开展行动中的反思，以及如何将这些反思的成果转化为提高教学质量的具体行动。

（二）对行动的反思

"对行动的反思"是实践者在行动完成后进行的一种理性思考，它通常比"行动中的反思"更具有逻辑性和条理性。这种反思过程涉及对先前行动的详细分析，实践者会深入探讨行动的成效、过程中遇到的问题以及可能的改进措施。这种反思基于实践者对行动本身的理解，对整个行动背后的理论和实践知识进行解释，从而对未来的行动产生指导作用。

通过"对行动的反思"，师范生可以系统地分析自己的教学活动，识别出教学中有效的方面和需要改进的地方。例如，师范生可能会在课后反思学生的课堂表现、教学方法的运用情况，以及课程内容的适宜性等方面。教育机构应该鼓励和训练师范生运用"对行动的反思"，使之成为师范生教学实践的一个固定组成部分。可以通过引导师范生撰写教学日志、进行同伴评议及参与教学研讨会来实现。这些活动不仅能帮助师范生深入理解自己的教学行为，还能促使他们从多个角度审视教学过程，以便发现并思考更有效的教学策略。

（三）对行动中反思的反思

"对行动中反思的反思"深化了实践者对自身初级反思过程的理解，其核心在于重新评估和审视自己进行的反思，从而进一步增强反思能力。这一过程涉及对已解决问题的行为和环境因素的再次理解和整理，目的是对既有知识结构进行重构。这种高阶反思通常发生在问题处理完毕之后，此时实践者对情境因素的更深入理解使得他们能够对知识进行有效重组。

在教育领域中，特别是在反思性学习实践者的概念形成中，这种反思层次尤为关键。这一概念的形成基于观察学生在反思性学习实践中的行为与反思活动之间的关系。[①] 反思性学习实践者不再满足于仅仅重复练习所学的理论知识，而是将这些知识与实际问题情境结合起来，有意

---

① 桑志军.反思性学习实践者的内涵、特征及培养[J].教育理论与实践，2012，32（23）：48-50.

识地在特定学习情境中对自己的学习行为进行反思，专注于问题解决和知识应用。这种实践者擅长持续地扩展自己的实践知识，通过不断的学习和应用，形成实用的智慧，提高学习效率，并达到自主学习的目标。这种方法与项目化学习相符，后者旨在通过参与解决复杂问题的过程，帮助学习者构建知识和技能体系，而非机械地重复理论知识。

在项目化学习活动设计中，反思性实践理论提供了宝贵的指导。设计活动时需要考虑两点：一是能够促进学生在行动中进行反思；二是能够促使他们对行动本身进行反思，以及对已开展的反思进行进一步的深度反思，确保通过深层次的反思活动来增强项目化学习的整体成效。

第二节　过程模式课程理论

一、斯腾豪斯过程模式的提出

课程理论家劳伦斯·斯腾豪斯（Lawrence Stenhouse）在大量理论研究和英国多种课程编制实践经验的基础上，提出了过程模式（the process model）课程理论。在研究过程模式期间，斯腾豪斯对泰勒的"目标模式"进行了详细的分析和批判。这一理论在课程设计领域引起了广泛关注，为课程开发和实施提供了新的视角和方法，也为后来的教育研究和实践奠定了重要基础，使得课程理论更为丰富和多样化。

（一）对目标模式的批判、反思

斯腾豪斯的过程模式课程理论源于对目标模式的深刻反思和批判，此种批判构成了其理论阐述的基础与前提。斯腾豪斯对目标模式的评价是复杂而全面的，他着重强调了该模式的诸多优点：其一，它与基于心理学的教育研究传统相符，这种一致性使得目标模式能够更好地融入教育研究体系之中；其二，它为教育评价提供了清晰明确的标准，也就是依据目标是否达成来评判教育效果，这为教育评价工作带来了极大的便利；其三，它能够引导教师在教学过程中展开深入的分析与思考，有助于增强教学的条理性，使教学活动更加科学、有序。目标模式的设计极具条理性和简便性，正是这种设计使其颇具吸引力。①

斯腾豪斯指出，目标模式的理论基础是实用主义哲学，其深受行为主义心理学的影响，因而带有明显的缺陷，其缺陷主要表现在以下几个方面。

1. 目标模式简化了知识的内涵和意义

斯腾豪斯认为，从本质上来讲，知识绝非单纯地被视为学生必须全盘接受的成品，而应是关乎整合与思考的核心内容。在他的观念中，知识应当充当促进思考的有力工具，具备激发多层次和多样化理解的独特价值。倘若将知识简化为仅仅是固定目标的达成，这实际上限制了其原本应当拥有的广阔意义和丰富内涵。这种简化使得知识失去了激发创造力和培养综合素养的机会，无法充分发挥其在教育中的深远作用。

在目标模式的课程设计中，课程内容通常被视作达成特定教育目标的手段，而非目标本身。这种目标导向的方法可能导致教育活动的标准化，甚至形成刻板的公式，忽视了教育的创造性。目标模式还常常将知识视为终极目的，而非作为促进个人发展的途径，导致忽略了课程内容本身的内在价值。斯腾豪斯并不认同目标模式，在他看来，知识和教育的意义绝不仅仅是为了实现目标，应将更多的关注点放在开发个体的潜

---

① 施良方. 课程理论：课程的基础、原理与问题 [M]. 北京：教育科学出版社，1996：173-174.

能上。知识的价值在于其能够激发深层次的理解和形成更广泛的认知，而非仅仅作为达到预定目标的工具。这种观点挑战了传统的目标模式，推动教育界对教育目标和内容价值进行更为深刻、更为系统的反思。

2. 目标模式只关注目标、结果，未关注过程

目标模式将整个教育实践过程看成可以预先规划和操纵，试图通过制定清晰明确的目标来改进教育实践过程，强调预期目标的实现，侧重于对课程实施后所得结果的评价。① 目标模式往往将教师边缘化于课程设计的核心过程之外，使得教师被孤立地设定成单纯执行既定教学目标的角色，无法充分发挥其专业自主性和创造力。而学生也被简化为知识的被动接收者，只能被动地接受知识灌输，缺乏主动思考和探索的机会。斯腾豪斯强调，教学是一个动态的过程，教与学的过程应当是逐步展开的，它理应最大限度地向前推进，不断探索和拓展，而不是仅仅围绕特定的、预先设定好的目标进行。教育实践的改进不应仅仅依赖于一些心理学家所进行的所谓"精确化"研究，这种看似严谨精确的研究，实际上常常因为研究者对真实课堂中的复杂动态、师生间的微妙互动，以及具体教学情境中的诸多特殊因素缺乏切身的体验和深入的了解，而无法真正触及教育实践的核心问题。并且，这种研究往往导致教师在教育过程中无奈地扮演被动执行者的角色。斯腾豪斯提出，教育实践的改进应由真正在教育一线的教师来驱动。教师应主动发现自己在教育实践中的问题，并通过深思熟虑来解决这些问题，强调教师的主体性和积极性，认为教师的直接经验和对教育过程的深刻理解是改进教育实践的关键，教育的过程不仅仅是达成预设目标的过程，还是一个动态的、以解决问题为导向的实践过程，体现了教育的深层价值和意义。

---

① 王本陆. 课程与教学论 [M]. 北京：高等教育出版社，2004：12.

3. 目标模式主张的评价方式缺乏全面性和客观性

目标模式在评价方面主张基于既定目标，对学生的学习成果展开全面且系统的评价。为了实现这一评价过程，该模式通常采用考试这种常见且直接的手段，旨在量化学生的学习行为。该模式将学生的表现与既定目标进行严格对比，以确定其是否达到了预期的标准。然而，斯腾豪斯批评了这种方法，指出用考试测量学生表现的做法有一定的局限性，一般只能测量特定的知识和技能，容易忽略那些无法通过考试测量的内容，如学生的情感态度、个性特点等，这些往往是教育中最具价值的方面。此外，这种"标准化"的评价方法侧重于记忆的浅层次层面，看似客观的分数，实则因其自身的片面性而严重缺乏客观性。这种片面的评价仅仅关注了学生在某些特定知识点上的记忆和简单识别能力，却忽略了学生在分析、综合、创新等高阶思维能力方面的表现，以及在情感、态度、价值观等非认知领域的发展，难以真正全面且准确地反映学生的综合发展水平。由此可见，目标模式实际上在很大程度上降低了评价的标准和缩小了评价的覆盖范围。它使得评价体系变得狭隘和局限，无法对学生的整体素质和潜力进行全面、深入的评估，从而影响了教育评价的科学性和有效性，也不利于学生的全面发展和教育质量的提高。更为关键的是，目标模式常常忽略对教学目标本身的评价和反思。这种做法可能导致教育过程中重要的非量化因素被忽视，而这些因素对于学生的个人成长和发展至关重要。因此，斯腾豪斯提出，应当重新考虑教育评价的方法，确保它能够全面地反映学生的发展水平和学习成果。

（二）过程模式的内涵

在对目标模式进行批判和反思的基础上，斯腾豪斯构建了过程模式，并在其著作《课程研究与编制导论》中详细阐述了这一模式的内涵。该模式强调课程所具有的动态发展过程，以及持续改进的特性。因此，在设计课程时，应定期对课程的实施效果进行评估和反思，根据反馈信息及时对课程内容、教学方法和评价方式等进行修订和完善，从而实现对课程进行合理的设计。这种方法避免了使用目标来预先确定期望达成的具体结果，其着重强调在整个教育过程中保持足够的灵活性，能够根据实际情况进行及时的调整和积极的响应。它摒弃了紧紧围绕固定目标进行的僵化模式，注重教育过程中的动态变化。课程不再是一成不变的预设框架，而是能够根据教学和学习的实际需求进行灵活构建和优化的有机体系。通过这种方式，教育过程能够更加贴合学生的特点和需求，更好地适应不断变化的教育环境，从而提高教育的质量和效果。

1. 课程开发与研究

斯腾豪斯强调了教师担任研究者角色的重要性，并主张课程研究与开发应由教师个人来主导。教师的作用不仅仅是教学，更应该以研究者的身份来思考如何教学。斯腾豪斯提倡将每个教室都转变为实验室，其中每位教师都扮演科研工作者的角色，主动探索并验证课程设计中体现的教育理念。这种方法不是简单地将教育理论转化为实践中具有可行性的假设，而是进行严格的检验。在这一过程中，教师作为课程实施的核心推动者和关键引导者，地位十分关键。只有依靠广大教师，课程才能不断丰富和完善。斯腾豪斯指出，过程模式更为关注的是教育过程的持续不断的调整和优化。其目的在于最大限度地提高教育的效益，推动学习者在知识的获取和能力的培养上达到更高的层次。具体而言，就是帮助学习者深入理解所学知识，并培养其价值判断能力，推动其批判性思维的发展。这种模式明确要求教师在实际教学过程中持续不断地进行测试和灵活调整教育策略。教师不仅要确保教育活动能够满足教育目标的表面要求，即让学生掌握基本的知识和技能，更要注重激发学生的思考和反思能力。教师在这一过程中的研究活动涵盖了对教学方法的应用、反思、评估和创新，这种持续的实验和探索是提高教育质量和实现教育目标的关键。因此，斯腾豪斯的过程模式倡导一个动态的、以研究为基础的教育实践，其中教师的创新思维和主动参与是不断推动教育前行的核心力量。过程模式在一定程度上改变了教师的传统角色，也为教育实践带来了更深层次的变革，使教育更加贴近实际，更符合学生的需求和社会的期待。

2. 课程选择

斯腾豪斯提出应摒弃传统的以既定知识体系为唯一标准的做法。课程内容不能仅仅是一些僵化的、已被普遍认可的知识集合，而应具有动态性和开放性。他主张通过深入分析公共文化价值，挖掘那些真正能够激发学生思考、培养学生创造力和批判性思维的内容。

斯腾豪斯强调教育过程中对知识深层次的理解和应用，指出教育的核心在于使学生能够深入理解并运用学科中的关键概念和方法。这种教育方法旨在培养学生的批判性思维和解决问题的能力，通过探索知识的形式和结构来促进智力的发展。斯腾豪斯的方法论为教育领域提供了一种更为深入、系统的教育策略。使得学生能够勇敢地跳出传统学习知识的固有框架，不再仅仅满足于知识的表面获取，而是真正学会如何进行深入思考和精准分析。

3. 课程组织与实施

斯腾豪斯强调在设计课程时必须明确展示各学科的基础概念、过程与方法，并确保这些内容足够简明，便于一般教师向普通学生传授。为了实现这一目标，他借鉴了布鲁纳（Bruner）提出的螺旋式课程组织方式。这种课程组织方式不仅有效地体现了知识的形态，还促进了学科知识与技能的整合。李定仁等学者在研究斯腾豪斯提出的过程模式课程理论时发现，在具体的课程实施过程中，斯腾豪斯特别推荐使用讨论法，在他的观点里，学生只有通过讨论，才可以更深入地理解课程内容，这种互动性的学习方式不仅有助于个性化学习的发展，还能显著增强学生的思考和分析能力。[①]

斯腾豪斯提出的这种教学方法强调教育的互动性和适应性，通过螺旋式的课程设计使学生在复习旧知识的同时接触更深层次的新知识。这样的结构使得学习过程不断深化，学科的关键概念和方法得以循环强化。这种教学方法不但在理解复杂的学科理论方面展现出适用性，而且在技能的建构和完善过程中发挥了重要的作用。

4. 课程评价

斯腾豪斯主张采用一种更加动态和多元化的课程评价模式。评价不应仅仅关注学习的结果，更应重视学习的过程。在评价中，教师应观察学生在课堂上的参与度、合作能力、问题解决能力等方面的表现，以此来全面了解学生的学习情况。他强调评价应该是一个持续的过程，贯穿整个课程的始终。通过不断地收集学生的学习反馈，教师可以及时调整教学策略，以更好地满足学生的学习需求。

这种评价方式鼓励教师和学生一起探索和理解教学内容，而非简单地追求分数或达成预定的学习目标。这种评价方法的应用促使课程评价成为一个互动和反馈的过程，不仅能帮助学生理解自己的学习进展，也能帮助教师及时调整教学策略，使教学更加适应学生的需要。

① 李定仁，徐继存．课程论研究二十年：1979～1999[M]．北京：人民教育出版社，2004：14.

二、斯腾豪斯过程模式的理论贡献及启示意义

（一）理论贡献

1. 为课程研究者提供了一个具有启发性和创新性的研究视角

尽管人们对目标模式有所不满，但多数改进只是对该模式进行细微的调整和局部的优化。与此不同，过程模式从根本理念上对传统的课程模式进行了大胆的突破和革新，打破了目标模式在课程研究领域的主导地位，推动了更广泛的理论探索和实践尝试，使课程研究领域呈现出多元化的发展趋势。这种转变不仅丰富了课程理论的内涵，也激励更多的课程研究者提出创新的观点和方法，从而活跃了整个学术领域。如今，课程研究领域更加注重过程的探索和实践的多样性，不仅为教育领域带来了更为丰富和细致的理论支持，使教育理论体系更加完备和多元，涵盖了更多层面和维度的思考与研究，还为教育实践提供了更广阔的视角和多样的方法。

2. 过程模式推动课程研究深度关注教育活动的本质价值

过程模式的广泛采用标志着课程研究方法发生了具有深远意义的重大转变。过去，课程研究主要依赖于行为主义和科学主义，侧重于对学生的行为进行观察、测量和控制，将教育过程简化为一系列可量化和可预测的事件。如今，则是朝着融入人文学科的视角迈进。这种变化不仅是研究方法的调整，更是理念上的升华。过程模式强调深入理解教育的深层意义和复杂性，认识到教育不仅仅是知识的传授和技能的培养，更是对人类心灵的滋养、价值观的塑造，以及个性的发展。与过去仅仅量化和评估学生的行为表现不同，新的研究视角注重挖掘教育中的情感、意志、创造力等难以用数字衡量的元素。关注学生作为一个完整的人的

成长，尊重个体的独特性和多样性。过程模式的实施从技术和教育哲学两个重要方面进行了双重转变。在技术层面，不再局限于传统的标准化教学手段和评估工具，而是引入了更加灵活、更多样化的教学策略和评价方法，以适应不同学生的学习需求和风格。在教育哲学方面，更加重视教育的综合性，将知识、技能、情感、态度等方面视为一个有机的整体，而不是孤立地看待教育的各个要素。同时，更加关注个体发展的多维度，认识到每个学生在智力、情感、社交等方面都有独特的发展轨迹和需求，努力为每个学生提供个性化的教育支持和引导。

3.过程模式首次提出"教师即研究者"的观点

斯腾豪斯认为，教师应成为课程制定过程中的主动参与者，而非仅仅作为课程的执行者。他强调，教师必须深度参与课程的各个环节，并应具备对自身教学活动作出决策的能力。正是这种对教师专业自主性的充分扩展，为教育实践注入了创新的活力和发展的动力。随着这一理念的推行，课程研究逐渐聚焦在教师身上，研究领域开始探索教师的思维模式、对教学过程的理解，以及教师如何有效进行课程研究的方法。教师的日常经验和直观感受成为改进课程设计和教学策略的重要资源。通过赋予教师更多的自主权，使教师能够更自信地参与到课程的设计与调整中，提出创新的教学方法，并对教学成效进行实时评估和优化。

过程模式理论强调教师作为专业人员的能动性，认为教师的专业发展对于推动教育改革至关重要。教师作为教学的直接实施者，对教学活动有着深刻的理解，在推动课程和教学方法革新中发挥着关键作用。此外，这一理念还促进了教师与学术研究者之间的合作，使其共同探讨和解决教育实践中的各种问题。

（二）启示意义

斯腾豪斯的过程模式理论在课程理论的发展史中占有重要地位，特别是他提出的"教师即研究者"的观点，已在全球范围内产生广泛且深远的影响。这一理念对于提高师范生的教学实践能力具有重要的启示作用。

1.确定教师的研究地位

斯腾豪斯的过程模式理论表明课程变革根本上是由教师驱动的实验活动，课程改革成功与否，很大程度上取决于教师是否能积极投身于改革的各个环节。在师范类专业认证的环境下，要提高师范生的教学实践能力，必须重新构建教学体系。在这一重构过程中，应当充分尊重并利用教师尤其是从事基础教育教师的实践经验，使这些教师能在课程的规划、编制和评价中扮演类似"研究者"的核心角色。

2.根据实际情况设计和实施课程

斯腾豪斯在其教育理论中强调，进行课程研究时必须具备针对性，应对具体的问题进行深入分析，而不能简单模仿或复制他人的方法。这种观点基于一个重要的前提，即每所学校的环境都是独特的，教学中遇到的问题和取得的成效亦各不相同，简单地复制他人的解决方案往往不能有效解决问题。因此，教师需要像研究者一样，首先对本校和本学科的具体状况进行客观而全面的分析。在分析的基础上，教师可以开发出真正适合自己学校和学科的教学方案。并且，这些教学方案应通过实际的教学实践来验证其适用性和有效性。因此，在课程设计时，教师需要考虑到学校的具体环境，如可用的资源、现有的条件和学生的具体情况，从而有针对性地对课程体系进行适当的改革。改革应确保师范生能够切实提高其教学实践能力，同时满足师范类专业认证的要求，进而提高师范生的职业能力和就业竞争力。教师作为课程改革的核心力量和课程实施的关键人员，应当承担起根据本校的特定条件制定教育内容和方法的重要责任。这不仅要求教师充分了解本校的教育资源、学生的特点和需求，还要求教师结合学校的文化背景和教育目标，精心设计既科学合理又具有实际应用价值的教学活动。此外，这种具有针对性的教学策略设计应能够为师范生带来较大的帮助，使其更高效地进行学习和应用教育理论。这种实践让师范生不再只是简单地理解理论知识，而是能够在真实的教学情境中感受理论的实际运用。

3. 积极打造"开放式"课堂

斯腾豪斯主张将课堂讨论作为教学活动的中心，而不是单一地进行信息的单向传递。因此，在学校环境中，教师应积极打造"开放式"课堂，建立一种开放的师生互动关系。在这种教学模式中，教师应当在课堂讨论中保持一定的中立性，但也不排除教师表达个人观点的可能性。教师应与学生一样，作为讨论的一员，分享和交流自己的想法和见解。这种方法需要课堂环境是开放的、非形式化的，并且结构较为松散，以便于师生进行平等、开放的对话。这样的课堂氛围不仅有助于知识的深入探讨，而且鼓励学生表达自己的思考和见解，从而使教室变成一个真正的讨论和交流的场所，而不仅仅是知识传递的场所。

对于师范教育而言，开放和互动的教学模式尤为重要。师范类专业的认证标准要求师范生不只是能应用知识，更应具备创新能力。教师在实际的教学过程中，应努力营造开放、非形式化且结构松散的课堂环境，建立民主平等的师生关系。这种教学环境使学生可以自由地表达自己的观点，畅谈自己的学习感悟，积极思考，能够激发他们的创新思维。

第三节　建构主义学习理论

一、建构主义学习理论概述

（一）建构主义的由来与发展

建构主义（constructivism），又称结构主义，其奠基人为瑞士心理学家皮亚杰（Piaget），他对建构主义进行了系统而经典的阐述。皮亚杰认为，认知的本质就是适应，即儿童的认知是在已有图式的基础上，通过同化、顺应和平衡等机制，不断从低级向高级发展。图式是指儿童用来适应环境的认知结构；同化指的是儿童把新的刺激纳入已有图式中的认知过程；顺应则是指儿童通过改变已有图式（或形成新的图式）来适应新刺激的认知过程。[①] 可以看出，同化主要是认知结构的数量扩展，顺应则体现为认知结构性质的变化。通过同化与顺应，个体与环境之间达到一种平衡。换句话说，个体的认知结构是在同化与顺应的交互作用中不断发展和完善的，通过不断进行同化和顺应，个体能够在与环境的互动中保持一种动态的平衡。这种平衡不是静止的，而是随着个体的成长和环境的变化不断调整和优化。

杜威的经验学习论对现代建构主义产生了重要影响。杜威的经验学习论强调，学习是个体与环境相互作用的过程，学习者通过主动地参与实践活动，在实践经验的积累过程中持续反思，并据此对自身的认知结构加以调整，从而实现知识的建构和能力的提高。这种强调学习者的主

---

① 张大均.教育心理学[M].2 版.北京：人民教育出版社，2011：44.

动参与的观点与现代建构主义所主张的以学习者为中心，通过自主探究和合作学习来建构知识的理念不谋而合，为现代建构主义提供了重要的理论支持。

现代建构主义主要是建立在对行为主义、认知主义等先进思想进行有机整合的基础之上，并在20世纪60年代发展起来。20世纪70年代末，教育心理学家布鲁纳将心理学家维果茨基（Vygotsky）的思想引入美国，进一步推动了建构主义理论的发展。维果茨基强调社会文化背景的作用，提出"最近发展区"理论，强调活动和社会交往在人的高级心理机能发展中的突出作用，指出人类知识的主观性和相对性，这些观点为现代建构主义研究者提供了坚实的理论基础和深刻的启示，对他们的研究和实践产生了意义深远的影响。

（二）建构主义的主要观点

建构主义主要有知识观、学习观、师生观、教学观等观点。

1.建构主义知识观

建构主义强调知识的不确定性和动态性，认为知识不是对现实的准确表征，而是一种解释或假设。这一观点认为，知识应当在不同情境中重新构造和创造。教育过程，特别是在师范生教学实践能力的培养过程中，便体现了这种理论的应用。教育过程不能仅靠知识的传递和记忆，更多的是在多变的实践环境中进行知识的重构。学生需要将所学知识带入课堂和实际操作中，通过旧知识与新情境的相互作用来构建新的知识结构，并能够将这些新知识灵活地应用于实践中，从而在实际操作中检验和深化理解知识。

实践不仅是知识创新的重要途径，也是学生学习和验证知识的关键环节。因此，师范教育的实践环节成为学生理论知识转化为实际教学能力的桥梁。通过实践教学活动，师范生可以体验和理解知识在真实教学场景中的应用，进而加深他们对知识本身的理解，增强其解决实际问题的能力。

基于此，加强教学实践环节在师范生培养工作中显得尤为重要，要让师范生在具体的教学实践过程当中学会如何依据教学场景的特点和变化，对知识进行灵活的调整和富有创新的构造，从而使其能够更加契合教育的实际需求。通过实际操作来培养和提高师范生的教学实践能力，让他们能够在未来的教育工作中更好地应对各种教学挑战。

2. 建构主义学习观

建构主义强调学习的主动建构性、社会互动性及情境性。学习者不是单纯被动地接受知识，而是能够主动对已有的知识进行分析、综合、重组和改造，将新旧知识进行有效连接，并在此过程中实现对知识意义的个人建构。这种建构不是在孤立的环境中进行的，而是在特定的社会文化环境中进行的，显示出学习活动的社会性和文化依赖性。

学习所依赖的各种资料、工具及环境，都是社会集体经验的生动体现，这表明知识具有根深蒂固的情境性，不可能在纯粹抽象的环境里单独存在。知识不应仅被视为书本上呆板的文字，而应当扎根到真实具体的社会实践当中去。教学与学习的整个过程，不能从实际的、情境化的社会实践活动中强行分离出来。教学如果脱离了实际情境，就容易变得枯燥乏味，学生难以理解知识的应用价值。学习若与具体实践脱节，学生则可能只是机械记忆，无法真正掌握和运用知识。只有将教学与学习融入丰富多彩的社会实践情境中，知识才能被鲜活地理解、吸收和运用。

在应用这些原则于具体的教育项目时，理论知识的学习虽然重要，但更关键的是将这些理论知识应用于实践。师范生不仅需要在课堂上通过理解和记忆掌握知识，还需要在真实的教学情境中将理论与实践相结合。这样的教育模式能够更有效地激发师范生的认知需求，帮助他们在实际教学中更好地应用所学知识，提高其作为未来教师的专业能力。

3. 建构主义师生观

建构主义特别强调学生已有的知识经验，认为学生不是空着脑袋走进教室的，而是依靠已有的经验来学习新的知识，解释并解决新出现的问题。因此，在师范生的培养过程中，教师需要重视激发学生的主观能动性，并应依据学生已有的经验设计相应的培养计划。此外，教师还应转变自身的角色，从知识的传递者转变为学生的学习助手和合作者。教学活动不是一种单边活动，而应是师生共同参与的活动。教师通过指导帮助学生深刻理解知识，培养其分析和解决问题的能力，并引导学生进行自我反思，从而实现自我管理、自我教育。

4. 建构主义教学观

建构主义对传统的教学观提出了批评，对教学也作出了新的解释，并提出了一系列改革教学的思想。由于知识的动态性和相对性及学习的建构过程，教学不再是传递客观而确定的现成知识，而是激发出学生原有的相关知识经验，促进知识经验的"生长"，促进学生的知识建构活动，以促成知识经验的重新组织、转换和改造。[①] 为了实现这一目的，教学应致力于为学生创设理想的学习环境，该环境应涵盖"情境""协作""会话"等关键要素。

情境的设置必须有助于学生对所学内容的意义进行有效的建构。在一个精心设计的学习情境中，学生能够更加出色地将理论知识与实际应用进行有效衔接，使学习内容不仅被记忆，也被深刻理解和内化。此外，协作是学习过程中始终存在的一个重要组成部分。在学习小组内，成员之间通过会话进行交流、协商，共同完成学习任务，这种互助合作不仅加深了个体的理解，也促进了集体智慧的形成。

---

① 陈琦，刘儒德. 当代教育心理学 [M]. 2 版. 北京：北京师范大学出版社，2007：13.

在教学过程中，教师与学生之间形成了一种良性互动的关系。教师的角色转变为引导者和协助者，不仅能帮助学生深入理解知识，也能从教学实践过程中汲取新的信息，实现教学相长。学习者在一定的社会文化背景中，依靠教师和学习伙伴等的帮助，依托必要的学习资料，通过意义建构的方式获得知识。因此，现代教学更注重创造包容且富有刺激的环境，其中，学生可以通过与他人的互动和协作，结合个人已有的知识经验，充分利用环境中的资源，去探索、理解和重构知识。

在师范生的培养过程中，要通过丰富多彩的教学实践活动，培养师范生树立思维逻辑清晰的教学观，让师范生在未来的教学工作中，有条不紊地规划教学内容、设计教学流程，以及评估教学效果。在他们步入教师岗位后，能从容开展教学工作，提高整个教师队伍的专业素养和教学水平，为教育事业的繁荣注入源源不断的活力。

（三）建构主义的主要学习特征 ①

1. 积极的学习

建构主义理论强调，学习应当是一种主动参与的活动。参与者不再是被动地接受知识，而是积极地探索和建构知识。该理论认为，当学生处理接收到的信息，以寻求对教材进行有意义的理解时，他们需要进行一系列积极的操作。这种方法实现了学习者通过主动思考和解决问题等方式达到深层次学习的目的，使他们成为知识的主动建构者而非被动接受者。

2. 建构性的学习

建构主义理论指出，学习过程本质上是建构性的，这意味着学习者总是在已有知识的基础上进行探索和学习。通过这种方式，学习者以个

---

① 杨文明．高职项目教学理论与行动研究 [M]．北京：科学出版社，2008：25．

人独特的视角去理解世界，从而建构出具有个人特色的知识体系。这种学习方式强调个体对知识的主动建构，而非被动接受。学生通过将新的信息和经验与之前的知识和理解相结合，逐步形成对世界的全新理解。不仅促进了知识的个性化生成，还提高了学习的深度和广度，使得学习过程成为一段富有创造性和启发性的探索旅程。

3. 累积性的学习

建构主义提出学习具有累积性质，所有新的学习活动都是在之前学习的基础上进行的，或至少在某种程度上是对以往学习的利用。在这种观点中，知识的增长被视为一个必然的连续过程。然而，这种累积并非简单的知识数量的增加，而是通过对既有知识的深入挖掘和扩展，实现对知识的深化、突破，以及质的转变。这种学习方式强调了知识结构的连续性和进化性，指出学习者通过不断地重构和重新解释已有知识，实现更高层次的理解和应用。这一过程不仅加深了学习者对知识的把握，也促进了其认知的全面发展，使得学习变成了一种动态的、建构性的过程。

4. 目标指引的学习

建构主义理论认为，学习过程被看作一种具有明确指向的目标导向的过程。通常来说，成功的学习往往发生在学习者清晰地明确了自己的学习目标，并且对期望达成的成果形成了具体的预期之时。该理论尤为强调学习者的主动性和积极性。当学习者遇到问题并由此受到启发时，他们便会为自己设定目标，这些目标是在学习过程中自发形成的，并非由外部或他人强加的。这种自主设定目标的过程不仅是学习的一部分，还是构建丰富且独特学习体验的核心所在，充当了整个学习过程的灯塔，为学习者提供了方向和动力。学习者被鼓励去自主确定自己的学习目标，并通过多种途径努力达成这些目标。在追求这些目标的过程中，学习者不仅要探索各种资源和策略，还需要不断评估自己在达成目标方面的进展和成就。

由于学习目标是学习者根据自己的需求和兴趣自行设定的，因此，这些目标更能反映出学习者的个人兴趣和实际需求，从而使学习过程变得更加个性化和有意义。学习者不再是被动接受知识的容器，而是积极参与知识建构的主体，他们通过与现有知识的互动，不断进行探索，逐步建构出属于自己的知识体系。建构主义的学习方式强调了学习者的主体地位和主动参与的重要性，不仅增强了学习者的责任感和积极性，还促进了其更深层次的思考和理解，使学习变得更为充实和高效。

5.诊断性学习与反思性学习

在建构主义学习模式中，学习者依托自身的知识库，通过自我监控、自我测试、自我检查和自我分析等一系列活动，对自己的学习过程进行精细管理。这些活动帮助学习者诊断和反思自己在学习过程中所追求的目标是否真正符合自己的需求。

诊断与反思是建构主义学习评价中极为关键的部分，不仅能帮助学习者确认自己的学习是否在正确的轨道上，还能促使他们根据自身的需要和实际情况的变化，不断调整和完善学习策略。通过诊断与反思，学习者能够更好地理解和消化新信息，有效地整合新旧知识，这种持续的自我评估和调整过程促进了学习者的个人成长和认知发展。学习者在自我导向的学习过程中，不断挖掘潜在的学习障碍并寻找解决方案，从而在学习旅程中实现持续的自我完善。

二、建构主义学习理论的启示

在师范类专业认证背景下，建构主义学习理论为提高师范生教学实践能力方面提供了重要指导。这一理论通过强调"知识的动态性""学习的主动性、互动性和情境性""教师与学生之间的合作",描绘了一个全面而深入的教学与学习的框架。

（一）知识的动态构建

建构主义理论强调,知识是动态的,是在不断的社会互动与实际操作中形成与发展的。这种观念对在师范生教学实践能力的培养过程中如何运用教学方法有着重要的启示:教学不应局限于单向的知识传递,而应成为一个动态的、互动的过程。在这一过程中,师范生被鼓励通过各种实际活动,如项目探究、实践操作及持续的反思,来重新构建自身对知识的理解。

为了支持这种教学方法,高等院校需要提供丰富的实践机会,让师范生能够在实际教学场景中运用和检验他们的教学理念。例如,通过模拟教学,师范生可以在控制的环境中尝试并优化教学策略;教学实习则提供了在真实学校环境中应用知识和技能的机会;案例分析能帮助他们理解复杂问题的多种解决方案,并从中吸取教训。实践活动除了能帮助师范生形成教学技巧,还能培养他们的批判性思维能力,使他们能够根据不同的学习情境调整教学策略。

（二）主动和互动的学习环境的建立

建构主义在教育领域中的应用强调了学习过程的主动性和互动性。在师范生教学实践能力提高的过程中,师范生应被激励去积极探索和试验各种教学策略,深入理解学生的学习过程。

为了促进这种主动和互动的学习环境的形成与发展,高等院校应当精心设计一系列的实践活动,如研讨会、小组讨论和协作式项目研究等。这些活动的设计旨在创造支持性的环境,师范生在这一环境中可以自由地表达观点、交流经验，并向他人学习。例如，研讨会可以提供一个平台，让师范生与教育领域的专家直接对话，深入了解教育理论与实践的前沿动态。小组讨论则鼓励师范生在小组内部开展深入讨论，不仅促进师范生知识的深化，还增强了其团队协作的技能。在协作式项目研究中，师范生需要与同伴共同设计和实施教学方案，评估教学成果，并进行反思，不仅使师范生将理论知识应用于解决实际问题，还有助于巩固其学习效果，并发展其解决问题的能力和批判性思维。

（三）情境化的教学设计

建构主义理论着重强调，学习往往是在具体的文化和社会情境当中变得十分有效的。这是由于丰富多彩且真实具体的情境为整个学习过程提供了不可或缺的背景支撑。因此，高等院校有责任设计出能够模拟真实教育场景的课程和活动，使师范生能够将教育理论与实践相结合，帮助他们理解同一教学理念在不同环境下的运用产生的不同效果。例如，通过模拟城市和乡村学校的教学环境，师范生可以了解到地理位置和社会经济背景是如何影响教学方法的选择和运用及学生的学习效果的。学校可以通过精心组织实地考察和具有针对性的社区参与项目，为师范生创造条件，让他们能够直接接触到多元文化和社会层面丰富多彩的教育实践活动。这种亲身经历能够加深师范生对教育理论的理解，也能锻炼他们适应不同教学环境的能力。同时，高等院校应鼓励师范生进行案例研究，分析成功和失败的教学经验，从而深入探索情境对教育成效的影响。通过这种方式，师范生能够从理论和实践的有机结合中深刻领悟到如何全面、准确地评估及明智地选择适合特定学习环境的教学策略。

（四）教师的协作与引导作用的发挥

建构主义理论指出，教师角色经历了从传统的知识传递者向学生的引导者和协作者的转变。这一变化要求高等院校加强对师范生的培训，确保他们在未来能够扮演好新的角色。培训的内容包括如何在课堂上建立合作的学习环境、如何引导学生主动参与到学习过程中，以及如何与学生共同探索知识和解决问题等方面。

为完成这一培训内容，培训课程应重点教授交互式教学法，包括讨论、合作学习、项目学习和问题解决等，教育者可以鼓励学生参与到学习过程中，使他们能够在互动中学习并建构知识。此外，师范生也需要学习如何设计开放式的问题和活动，这些问题和活动能够激发学生积极的思考，并加强学生之间的交流和合作。学校应提供实践机会，让师范生在实际的教学环境中尝试和练习这些互动式教学方法。可以通过模拟教学、见习、实习，以及与经验丰富的教师合作来实现。在这些实践活动中，师范生有机会运用他们的理论知识，应对真实的教学挑战，并在吸取经验教训的基础上，学习如何调整教学策略，以适应不同的学习环境和学生需求。

第四节　教师专业发展阶段理论

一、教师专业发展阶段理论的提出与发展

（一）教师专业发展阶段理论的提出

在 20 世纪 50—60 年代，随着专业社会学的兴起，学者开始深入探

讨教学是否应被视为一个独立的专业领域。1974 年，霍伊尔（Hoyle）引入了"专业主义"与"专业性"两个关键概念，以此来明确教学与其他专业领域之间的区别和联系，同时把研究的焦点重新引向教学实践本身。1980 年，《世界教育年报》发表了一系列关于"教师专业发展"的文章，这意味着学术界对这一领域的关注达到了一个新的高度。这些研究成果表明教师职业在整个社会职业体系中具有独立性和重要性，应具有相应的专业地位，从事教育教学工作的教师应被视为专业人员，需要不断提高其专业知识和技能。随着这些讨论的深入，关于教师专业发展和成长的研究也越来越多，形成了一批丰硕的理论成果。

（二）教师专业发展阶段理论的发展

教师专业发展阶段理论是 20 世纪 60 年代以来教师职业成长研究的一个关键领域。在这一领域中，不同学者从不同的研究视角探讨了教师职业生涯的发展过程，并提出了不同的教师专业发展阶段理论。

学者富勒（Fuller）与其助手在 20 世纪 60 年代初开展的早期研究为教师专业发展阶段研究奠定了基础。该研究团队通过细致的观察和分析，识别出教师职业发展中的关键阶段，并以此为基础设计了"教师关注问卷"。该问卷旨在详细调查了解教师在职业生涯中的不同阶段的主要关注点。在富勒的模型中，教师发展被划分为四个阶段，反映了教师关注焦点的转变和成长的变化。第一阶段是职前关注，在这个阶段，教师主要关注理论学习和未来的教学职责；第二阶段被称为早期求生存，这时候教师的注意力主要集中在如何适应教学环境和应对教学中的日常挑战；第三阶段是关注教学情境，教师开始更深入地理解教学环境并不断优化教学策略；第四阶段是关注学生，教师的关注点转向如何更有效地满足学生的学习需求，提高教学质量。富勒的研究为教师专业发展设计了一个明确的框架，使教育界能够更好地理解教师在职业生涯中的成长和需要的变化。

20 世纪 70 年代初，卡茨（Katz）从自己与幼儿教师合作的实践经验出发，深入研究了教师的职业成长过程。为了全面捕捉教师在职业生涯中经历的不同阶段，卡茨采用了问卷和个人访谈等调查方法，系统分析了从事教育教学工作的教师在职业生涯中的主要阶段和转变情况。通过这些方法，卡茨成功地将教师的职业发展分为四个连续的阶段，分别是求生存、巩固、更新、成熟。在求生存阶段，教师主要适应教育环境和应对初期的工作挑战；随后进入巩固阶段，这一时期教师开始巩固自己的教学技能，加强对教学内容的掌握；在更新阶段，教师尝试进行教学方法的创新，引入新的教育理念，以适应教育需求的变化；最后是成熟阶段，此时教师已经具备较高的专业能力和深刻的教育洞察力，能够在教育实践中展现出深层的教育影响力。

20 世纪 70 年代末期，伯顿（Burden）和他的研究团队对教师专业发展的内容进行了更进一步的梳理和深度挖掘。他们对处于不同职业发展阶段的教师进行了访谈，收集了翔实的一手数据，访谈的结果帮助研究团队深入了解教师在职业生涯中面临的具体挑战和转变过程。在此基础上，伯顿及其团队提出了一个更精练的模型，将教师的职业发展划分为生存、调整、成熟三个主要阶段。在生存阶段，教师主要关注如何应对日常教学中的紧迫挑战及初入职场的不确定性；进入调整阶段，教师开始适应教育环境，寻找有效的教学策略，以提高自己的教学实践能力；到了成熟阶段，教师已具备丰富的教学经验和深厚的专业知识，能够在教育实践中展现出高水平的教学能力和对学生发展的深刻洞察力。

20 世纪 80 年代，约翰·霍普金斯大学的学者费斯勒（Fessler）提出了教师职业生涯循环理论，该理论体现了对教师生涯路径的整体和动态理解。费斯勒的模型精细地刻画了教师从职业起始到退休的全过程，强调教师生涯是一个连续发展的周期，涵盖了八个具体阶段。这八个阶段分别为职前、入门、能力形成、热心和成长、生涯挫折、稳定和停滞、生涯低落、生涯退出。在职前阶段，教师准备进入教育行业，专注于学习和积累理论知识；在入门阶段，教师开始进行教学实践，面临现实教学的挑战；在能力形成阶段，教师逐渐掌握教学技巧，提高教育效果；进入热心和成长阶段，教师对教学充满热情，积极寻求发展机会，增强自身教学能力；进入生涯挫折阶段，教师可能出现职业疲劳或挫败感；进入稳定和停滞阶段，教师可能面临职业发展瓶颈，需要新的激励来促使其继续成长；在生涯低落阶段，教师可能因多种因素导致职业满意度下降；最终步入生涯退出阶段，教师结束其教育职业生涯。

　　同一时期，伯林纳（Berliner）和本纳（Benner）共同提出了一个将教师专业发展细分为五个阶段的理论模型。这个模型中的阶段包括新手、高级新手、胜任、熟练、专家。虽然这两位学者使用了相同的阶段名称，但他们对于各个阶段的详细描述却有着明显的不同，这种差异揭示了教师在职业生涯的不同节点其教学行为和技能水平的变化。在新手阶段，教师通常缺乏经验，依赖规则和他人的指导来进行教学；进入高级新手阶段，教师开始能够识别具体情境下的教学问题，但对复杂情况的处理仍然需要外部指导；胜任阶段的教师能够更加熟练地管理课堂和制订教学计划，已经开始展现出专业自信和独立性；而到了熟练阶段，教师已经能够灵活运用教学策略，并对教学有深刻的洞察力；最后，在专家阶段，教师展现出直觉式的教学能力，能够在复杂多变的教学环境中游刃有余，同时在教学实践中不断创新。

　　除了上述理论，教师专业发展阶段理论还涵盖了诸如心理发展阶段论和社会化发展阶段论等重要理论。这些理论提供了更广泛的研究视角，以理解教师在职业生涯中经历的变化。心理发展阶段论的突出贡献者利斯伍德（Leithwood），特别强调了教师专业成长的心理动力。他提出教师的职业发展可以划分为四个连续的心理阶段，即"顺从权威"阶段、"墨守成规"阶段、"凭良心尽责"阶段、"有主见"阶段。这些阶段反映了教师在其职业生涯中心理态度和行为的演变。在"顺从权威"阶段，教师倾向于遵循既定的教育规范和权威的指示，不太愿意尝试新的教学策略。随后，进入"墨守成规"阶段，教师逐渐开始形成属于自己的教学习惯，而这些往往是立足他们早期职业生涯当中所经历的成功案例和遭遇的失败教训。在"凭良心尽责"阶段，教师开始更加关注他们的教学影响和学生的具体需求，更多地依靠个人的职业判断和道德原则来指导教学活动。最后，进入"有主见"阶段的教师则表现出高度的独立性和专业自信，他们不仅在教学实践中勇于表达自己独到的见解，也在教育过程中积极倡导创新。

社会化发展阶段论为理解教师职业生涯提供了一个独特的视角，莱西（Lacey）是这一理论的主要倡导者。他详细阐述了教师在其职业发展过程中所经历的几个关键阶段，这些阶段表明教师如何逐步适应并应对职业挑战。莱西所描述的第一个阶段是"蜜月"阶段。这一时期，教师通常对即将开始的教学工作充满期待且保持乐观的态度。在这一阶段，教师往往感受到新鲜感和体验初期的成功，这可以为他们提供强大的动力，并帮助其树立积极的职业观。随后，教师进入"寻找教学资料和方法"阶段。在这一阶段，教师开始意识到实际教学与理想之间的差距，因此，他们开始积极寻找更有效的教学资源和策略，以提高教学效果。接着是"危机"阶段，这是教师职业生涯中的一个转折点。在此阶段，教师可能会遭遇重大教学挑战或职业挫折，可能导致他们对自己的能力和职业选择产生怀疑。最后是"设法应付过去或失败"阶段。在这一阶段，教师在经历了危机之后，需要找到方法来应对过去的问题或失败经历，通常涉及采取新的教学方法或调整职业期望，以恢复信心并促进职业生涯持续发展。

自 20 世纪 80—90 年代起，我国开始深入探讨教师专业发展阶段，也取得了不少研究成果，这些研究成果为理解和指导教师的专业成长提供了重要的理论支持。其中，白益民和叶澜等人采用了思辨的研究方法，并以"教师自我专业发展意识"为关键指标，将教师的专业发展分为五个阶段。在"非关注"阶段，教师对专业发展缺乏关注；在"虚拟关注"阶段，教师开始意识到专业发展的重要性，但尚未采取实际行动；进入"生存关注"阶段，教师关注如何在教育领域立足；在"任务关注"阶段，教师努力提高自己完成教育任务的能力；在"自我更新关注"阶段，教师不断自我革新，寻求教学和专业技能的提高。钟祖荣则将教师的专业发展过程细分为四个阶段："准备期"是新任教师适应职业角色的初期；在"适应期"，教师开始适应教育环境，成为合格的教师；在"发展期"，教师作为教育骨干进一步提高自己的教学能力；在"创造期"，教师达到专家级别，能够创新和引领教育实践。

二、教师专业发展阶段理论的启示

教师专业发展阶段理论为理解教师从职前到职后的成长过程提供了一个系统的视角，强调了职前培养是整个教师职业生涯中的一个关键起点。这一理论详尽地探讨了教师在职业生涯中的专业知识、情感、技能和发展需求方面的变化过程及其背后的动力机制，为教师的持续成长和适应教育变革提供了理论支撑。

师范生教学实践能力的培养就处于教师专业发展阶段理论中所提及的职前培养阶段，是教师职业生涯至关重要的入门阶段，是教师职业能力得以培养的关键基础。在这一阶段，师范生需要通过系统的教育理论学习丰富的实践活动，来逐步建立起坚实稳固的素质能力基础，包括学习如何设计课程、如何管理课堂、如何进行学生评估和如何使用教育技术等关键技能。[①] 教学实践能力作为师范生必须掌握的核心能力之一，要求师范生不仅能理解理论知识，更能在实际教学中应用这些知识，解决现实问题。为了提高这种能力，可进行持续的专业学习和与同辈交流合作。专业学习使师范生能够接触到最新的教育研究成果，而与同辈交流合作提供了一个平台，让他们可以相互分享经验、讨论问题并共同寻找解决方案。

教师专业发展阶段理论的重要性在于，它不仅识别了教师职业生涯中的各个发展阶段，还揭示了每个阶段的特定需求和可能要面对的挑战，对于师范生教学实践能力的培养具有重要的指导意义。它让师范生能够提前了解教师职业发展的路径和规律，从而在学习过程中有针对性地储备知识和技能，做好应对不同阶段挑战的心理准备。在教学实践中，师范生可以依据这一理论，模拟不同阶段的教学情境，进行针对性的训练。同时，高等院校可以根据教师专业发展阶段理论，优化课程设置和实践教学安排，为师范生提供更贴合实际需求的培养方案，帮助他们在未来的教师职业生涯中更加从容地应对各种情况，实现持续的专业发展。

第五节　安德森认知技能获得理论

自 20 世纪 50 年代起，认知心理学领域开始受到广泛关注。心理

---

① 罗晓杰.国内外教师专业发展阶段研究述评 [J].教育科学研究，2006（7）：53-56.

学专家开始研究和解释各种认知过程，深入探索人类的思维活动。认知技能的培养成为教育的核心目标之一。认知技能不但反映了学生在认知监控和问题解决能力方面的成就，而且反映了他们在面对复杂任务时处理信息及执行任务的能力。鉴于此，深入理解认知过程对于设定教学目标、规划课程内容及选择和应用教学策略至关重要。在教学设计中融入对认知机制的理解，可以有效提高教学效果，使学生能够更好地将所学知识运用到实践活动中去，提高自身的实践能力。认知心理学的研究成果被广泛应用于教学实践，促进了学生的全面发展和学习能力的提高。

关于认知技能获取理论的研究，最初专注于探索问题解决的流程。在这个阶段，研究者试图揭示人们在面对各种问题时，思维是如何运作的，采取了哪些步骤来寻找解决方案。随后，研究者逐渐意识到，问题解决不仅仅依赖于通用的思维策略，还与特定领域的知识密切相关，于是将兴趣转向了特定领域知识的掌握过程。在这一研究的演变过程中，安德森（Anderson）巧妙地结合了认知心理学与神经科学。他认识到，认知技能的获取不仅仅是心理层面的现象，还与大脑的神经机制密切相关。安德森创造性地提出了"思维适应性控制理论"（ACT 理论），为认知技能的获取与发展提供了一个全新的视角和解释框架。

ACT 理论通过解释大脑如何处理和整合信息，探讨了学习技能发展的内在逻辑。该理论试图解释个体如何通过不断的实践和经验积累，逐步提高其认知能力和优化其学习策略。安德森的研究增进了人们对认知机制的理解，为教育实践提供了科学指导，特别是在如何更有效地设计教育内容和学习活动方面作出了突出贡献。此外，ACT 理论还强调了认知技能在实际应用中的适应性，突出了认知过程在面对不同任务和环境时所展现出来的动态调整能力。

一、安德森认知技能获得理论的内容

（一）ACT 理论

ACT 理论的核心内容之一是对知识类型进行了明确划分，将知识划分为陈述性知识与程序性知识。陈述性知识主要包含描述性质的、静态的事实，这类知识清晰地回答了"是什么"的问题，并且其呈现方式大多是显性的、易于表达和理解的。尽管陈述性知识主要与个体的经验相关，但仅凭这些知识并不足以彻底理解一个概念，还需要具备解决相关问题的灵活性。程序性知识则主要回答"怎么做"的问题，其也被称为产生式或产生式系统。"产生式"是一种将条件与行动组合在一起的规则，主要用于指导在特定情境下的行动。

ACT 理论的另一个核心内容是描述了陈述性知识向程序性知识的转化过程。任何知识的习得都是始于陈述性阶段，随后，这些知识通过认知编辑过程转化为程序性知识。这一编辑过程涵盖了"程序化"和"合成"两个主要认知步骤。"程序化"是将陈述性知识转换成可以操作的规则，"合成"则涉及将这些规则组合成为能够应对新情境的复杂操作。最终，这一连串的转化和编辑过程推动程序性知识形成。

ACT 理论强调，掌握陈述性知识是形成程序性知识的必要前提。此理论提供了一个关于知识存储和应用的清晰框架，对教育和学习的实践有着直接的指导意义，可以帮助教育者更好地把握学习材料的组织和呈现形式，以实现知识从接收到运用的有效过渡。

借助 ACT 理论，教育实践中的教学设计和策略选择的制定均可获得科学的指导，可以确保学生不只是机械地记忆事实，更要学习如何将所掌握的知识转化为实际操作能力，从而在面对现实世界中的各种问题时，能够做到自如应用所学知识。

（二）ACT-R 理论

在 1994 年，安德森及其同事在原有的 ACT 理论基础上作了一系列调整和完善，从而发展出了解释人类认知过程工作机制的理论——ACT-R 理论。这一理论对原理论框架进行了两项关键性的修改：一方面，ACT-R 理论对陈述性知识获取过程中样例的重要作用予以强调。按照 ACT-R 理论，陈述性知识在初始阶段以陈述性的方式进入记忆系统，学习者通过与样例进行类比，从而形成可编码的产生式规则，以此来获取陈述性知识。另一方面，ACT-R 理论认为，在陈述性知识向程序性知识转化的过程中，样例也起着关键作用。ACT-R 理论认为，产生式规则是陈述性知识向程序性知识转化的关键机制之一。学习者通过对大量样例的观察和分析，逐渐形成可以编码的产生式规则，这些规则能够指导他们在特定情境下作出相应的行动，从而实现知识的应用和转化。

安德森与其他研究者进一步将 ACT-R 理论与计算机模型结合起来，这种融合让对人类认知过程的预测与解释变得更为精确。此外，一些心理学家利用脑电图（EEG）和事件相关电位（ERP）技术，对数字处理相关的认知过程进行了深入的实验研究。研究结果提高了 ACT-R 理论的可靠性和实用性，证明了它可以有效地解释各类认知过程。在问题解决的认知领域，ACT-R 理论同样显示出其预测能力。研究者运用功能性磁共振成像（fMRI）技术，专注于问题解决过程中的特定认知阶段，并选择了五个关键脑区进行研究。这些脑区的活动数据显示了明显的激活现象，进一步强化了 ACT-R 理论的科学依据。

（三）问题解决技能获得的四阶段理论

安德森及其团队在对新手问题解决技能获得过程进行实验的基础上，进一步提出了问题解决技能获得的四阶段理论，即问题解决技能的获得历经与样例进行类比阶段、规则提取阶段、产生式规则向程序性规则转变阶段，以及样例存储阶段。在与样例进行类比阶段，学习者通过观察和分析具体的样例，尝试理解问题的本质和探索解决问题的思路。在规则提取阶段，学习者从样例中总结概括出通用的规则和模式。产生式规则向程序性规则转变阶段的出现标志着问题解决技能的进一步深化。在这个阶段，通过不断的实践和反思，学习者将产生式规则逐渐转化为更加自动化的程序性规则。样例的反复出现和应用，加速了这一转变过程，使学习者能够更加迅速、更为高效地应对各种问题情境。样例存储阶段则是对整个问题解决过程的巩固和总结。学习者将具有代表性的样例存储在记忆中，以便在未来遇到类似问题时能够迅速提取并加以运用。在这四个阶段中，样例的使用对于问题解决技能的获得起着核心作用。

四阶段理论阐释了学习者如何逐步从初学者转变为问题解决的专家。这一理论的提出，丰富了人们对问题解决过程的认识，为教育和认知科学领域提供了重要的理论支持和实际指导。通过理解这一理论，教育者和心理学家可以更有效地设计教学和训练程序，以培养个体的问题解决能力，从而帮助他们在各种情境中更加高效地运用所学知识和技能。

二、安德森认知技能获得理论的启示

安德森提出的认知技能获得理论在学术界引起了广泛的关注和热烈的讨论，并在认知心理学、人工智能、计算机科学及教育领域产生了深远的影响。该理论的核心在于阐释如何获取认知技能，通过简化复杂问题，使这一过程更易于理解。简化问题的方法不仅让人们能够更清晰地把握认知过程的本质，也让学习过程更为高效和合理。安德森的研究结果帮助人们系统地理解和运用认知技能，优化了教育教学的策略和效果。

（一）根据不同的知识类型选择恰当的教学策略

安德森的认知技能获得理论清楚地划分了陈述性知识与程序性知识，并强调了它们各自的获取途径的差异。在教学策略的设计与运用中，教师应当意识到获取这两种知识类型的差异，并据此调整教学方法。对于陈述性知识，其通常涉及对特定领域的详细事实的描述。在教学中，通过构建与学生已有经验相关联的学习情境，使用实例来展示概念，可以帮助学生更直观地把握概念并深化对概念的理解。对于程序性知识，则需要强调类比的运用。通过类比，学生能够将新的知识与已有的知识联系起来，深化对陈述性知识的理解，并将其转化为程序性知识。类比不仅是形成产生式规则的关键，也是帮助学生将知识转化为实际技能的重要依据。

此外，练习与反馈对于程序性知识的学习至关重要。通过持续的练习，学生能够逐步掌握更复杂的技能并将其内化，而有效的反馈可以引导学生调整和改善他们的认知和技能执行方式。因此，教师在教学过程中应当重视培养学生主动进行类比的能力，使他们能够将新知识自然地融入现有的知识结构中，从而更有效地学习和运用这些技能。

在师范教育的教学实践中，通过应用安德森的认知技能获得理论，教师可以提高师范生的知识理解和吸收能力，帮助师范生在理论上奠定扎实的基础，为他们未来的教学实践提供有力的支持。

（二）充分发挥样例的作用

样例的结构通常涵盖问题的清晰陈述、解决问题的各个步骤，以及最终解决后的明确结果，这对问题的精准描述和整个解决过程进行了全方位展示。这种全方位的展示方法使得样例变得格外直观，有助于学生理解和牢固记忆。它能够让学生清晰地看到问题是如何被逐步解决的，各个步骤之间的逻辑关系是怎样的，从而在自己解决类似问题时能够有清晰的思路和方法。

在认知技能获得理论中，样例发挥着重要的作用。四阶段模型也验证了样例学习的效果，认为它是形成产生式规则的关键环节之一。学习者通过分析样例，不仅可以看到知识在实际中的应用，还能通过类比新旧样例来加深对知识的理解，从而掌握解决问题的技巧。在解决实际问题时，学习者可以利用与样例的对比来发掘解决方法，或者直接从记忆中调用相关样例来应对新的挑战。

因此，在师范生教学实践能力的培养过程中，教师应该广泛运用样例，并提供详细的解释和指导，使其成为师范生学习知识、获取技能的有效工具，加强师范生对专业知识的理解与运用，不断提高培养效果。

第四章　师范类专业认证背景下高专师范生教学实践能力体系重构

　　在师范类专业认证中，从"践行师德、学会教学、学会育人、学会发展"四个方面对师范生的教育实践能力提出了具体要求。教学实践能力是师范生教育实践能力的重要组成部分，也是教师专业能力的核心内容。笔者认为，教学实践能力是指师范生在教学实践中，能依据课程标准和教材，针对学生身心发展和认知特点，运用学科知识、教育理论知识和信息技术知识，进行教学设计、教学实施、教学评价与反思及教学研究。因此，教学实践能力可以细化为教学实施前的教学设计能力、教学实施过程中的教学实施能力、教学实施后的教学评价与反思能力，以及教学研究能力。教学设计能力会影响教学实施的效果，是教学实施能力的基础和前提，只有对教学进行精心设计，才能保障教学实施的有效性；教学实施能力则是实现并检验自己教学设计结果的关键能力，教学的生命力在于实施，实施能力直接影响到教学的实际效果；教学评价与反思能力是对教学设计及实施等教学实践环节进行再认识、再思考的能力，通过评价与反思来总结教学经验教训，不断提高教学质量；教学研究能力是发现教学过程中的问题、研究并分析问题、提出解决问题的思路和办法的能力，教学研究是在评价与反思基础上开展的研究，研究是为了更好地促进教师的教和学生的学。这四种能力前后衔接、环环相扣，形成了一个闭环的教学实践能力体系。

第一节　教学设计能力

　　教学设计是根据课程标准和学生的特点制订合适教学方案的过程，在整个教学活动中占据了核心地位。为了最大化教学效果，可有效进行教学设计，主要解决教什么、怎么教、为谁教等问题，因此教学设计能力包括学情分析能力、教学内容设计能力、教学目标制定能力、教学策略选择能力和教学过程编写能力。

一、学情分析能力

学情分析能力是教学设计能力中的基础能力，是指师范生要掌握分析学生学习需求的基本方式，能按照学生已有的知识程度、学习经验和兴趣特点，解析教学内容与学生所学知识的联系，预先推测学生学习的难点。它是教学设计环节中的重要一环，是教学目标的制定、教学内容和教学策略的选择的重要依据。师范生既要能分析学生群体的特点，了解班级的作风、学习水平等方面，也要能分析学生个体的差异，了解学生已有的知识水平、认知特点、非智力因素等方面。

（一）学生的知识基础

在教学过程中，学生已有的知识经验对于新知识的吸收和理解起到至关重要的作用。师范生在进行教学设计时，需要了解学生已有的知识储备，把握学生在特定学科或领域已经掌握的知识量、知识深度和广度，以及知识的准确性和牢固程度，为学生提供恰当的学习资源，确保教学内容贴近学生的实际需求，提高教学效果。

需要强调的是，在学生的知识基础中，生活经验是非常宝贵的资源库。它是学生在日常生活中逐渐积累而成，涵盖了各种场景下的感知、体验与领悟。师范生在进行教学设计时应尤其关注学生已有的生活经验。教育教学要从学生的生活实际出发，重视学生已有的生活经验。就像在数学课堂上，有的教师能够从学生日常购物、测量等生活场景引入数学概念，帮助学生更直观地感受到数学的实用性和趣味性；有的教师在语文教学中，引导学生描述身边的人和事，激发学生的写作热情。因此，教育教学必须紧密联系学生的生活实际，只有这样，才能"让课堂焕发出生命活力"①，让知识变得生动鲜活，易于理解和接受，从而激发学生的学习兴趣，培养他们运用知识解决实际问题的能力，让教育真正成为促进学生全面发展和成长的有力手段。

（二）学生的认知差异

不同学生在认知上表现出一定的差异，认知差异涵盖多个方面。首先是知觉类型的差异。如有的学生关注细节，但对整体把握不足，他们在处理问题时可能会过于纠结局部的小问题，没有整体的大局观和方向。而有的学生能够迅速洞察整体，但容易忽略细节，可能导致在具体操作和执行过程中出现疏漏。其次是记忆类型的差异。如有的学生对视觉信息较为敏感，通过阅读、观察等方式更容易记忆知识；有的学生则更擅长通过听觉渠道，如听讲、讨论等方式来记忆知识。再次是思维类型的差异。如有的学生能迅速从图片、颜色、声音等直观材料中获取关键信息；有的学生则具有较强的逻辑思维能力和抽象思维能力，能够快速理解复杂的概念和理论。最后是认知反应类型的差异。如有的学生在作出决定前会经过仔细的考虑，往往错误率较低；有的学生急于求成，简单、快速作出回应，但一般错误率较高。高专师范生只有充分了解并关注学生的认知差异，才能在教学设计中采取有针对性的教学策略和教学方法，满足不同学生的学习需求，从而提高整体教学效果。

（三）学生的非智力因素

在学习过程中，学生的智力因素和非智力因素会影响其学习效果。智力因素通常是指观察力、想象力、思维能力、记忆力等。教学过程从

① 叶澜.让课堂焕发出生命活力：论中小学教学改革的深化[J].教育研究，1997（9）：3-8.

本质上来说是一种认识过程，智力因素是学生进行学习和认识世界的重要工具，如果缺乏智力因素，学生无法进行学习和认识世界。虽然智力因素在学生的学习和认识世界中占据着重要地位，很大程度上决定了学生理解、吸收和运用知识的效率和深度，但绝不能忽视非智力因素在学生学习和认识世界中所发挥的关键作用。非智力因素包括兴趣、爱好、情感、意志、性格等。历史上不少教育家都非常重视非智力因素对学生的学习和认知的推动作用，赫尔巴特（Herbart）强调，兴趣就是主动性。[1] 杜威（Dewey）认为，没有一点兴趣而要引起任何活动，从心理学上说是不可能的。[2] 有成效且充满活力的课堂，应当充分考虑到学生的好奇心、兴趣、欲望和需求，激发学生内在的学习动力，使其积极参与到教学过程中，让课堂真正成为智慧交流、思想碰撞的场所。

（四）班级的整体情况

班级的整体情况是教学设计的重要依据。师范生在进行教学设计时，要考虑班级的学习氛围是积极活跃还是相对沉闷；要掌握班级学生的成绩分布情况，是较为均衡还是两极分化明显；要深入了解班级内学生之间的关系，是团结协作还是存在较多矛盾。还要思考班级的教学资源和设备条件是否能够支持某些特定的教学方法和教学活动。

二、教学内容设计能力

教学内容设计是教学设计的主体部分，设计的好坏直接关系到教学活动的成败。要想掌握教学内容设计能力，首先要认真钻研教材，理解

---

① 赫尔巴特.普通教育学·教育学讲授纲要[M].李其龙，译.北京：人民教育出版社，1989：15.

② 杜威.学校与社会·明日之学校[M].赵祥麟，任钟印，吴志宏，译.北京：人民教育出版社，2005：165.

教材的编写逻辑和体系结构，把握哪些内容是学生必须掌握的、哪些内容是学生较难掌握的，清楚地知道学生现有的知识水平和教学内容有哪些差距等，并能合理组织和安排教学内容。基于此，教学内容设计能力可以细化为分析和处理教材的能力、把握教材重难点的能力、合理安排教学内容的呈现或表达方式的能力。

（一）分析和处理教材的能力

教材是教师与学生在开展教学活动时所使用的教学材料。教材的主体部分是教科书和讲义，除此之外，还包括视听材料、教学参考用书等。师范生在进行教学设计时，要参考利用多种材料，而不仅仅是教科书。教材是教师上课和学生学习的重要内容，对教材尤其是教科书的分析和处理直接影响到教学效果。因此，师范生需要分析教材的整体框架，明确教材各单元之间的相互关系及教材内容之间的前后联系，准确把握每一教学单元及其基本概念、基本原理的地位和作用，从宏观上规划教学安排和教学进度，明确教学目标，在教学过程中更好地进行知识的衔接和过渡。因时代不断发展、知识迅速更新和学生需求多样化，仅仅局限于教学内容是远远不够的，师范生在立足教材的同时，需要具有拓展教学内容的意识和能力，可以根据学生的学习需求和实际学习情况，对教材内容进行完善、拓展，补充相关的背景知识、实际案例、拓展练习等，帮助学生建构更为完整的知识体系。师范生可以将学科的前沿动态和研究成果引入教学中，拓宽学生视野，确保教学内容与时俱进。师范生可以结合学生的生活实际和社会热点，挖掘教学内容与现实生活的联系，引导学生运用所学知识解决实际问题，培养学生分析问题、解决问题的能力。

（二）把握教材重难点的能力

个体的身心发展总是从低级到高级、从简单到复杂、从量变到质变的过程，表现出顺序性特点。因此，无论是知识、技能的学习还是思想品德的发展，都应由浅入深、由简到繁、由易到难、由少到多、由具体到抽象，循序渐进。但循序渐进并不是要求面面俱到，并不意味着对所有知识和细节都进行平均用力、毫无侧重的全面覆盖，而是要精准抓住教学中的重难点。教学重点往往是学科知识体系中的基本概念、关键原理和重要方法，教学难点一般是学生在学习过程中感到难以理解和掌握的知识。只有明确了教学重难点，才能在教学时间和教学节奏上作出合理的安排，并运用多种教学方法强化教学重点的巩固和教学难点的理解，从而实现教学效果最大化。

（三）合理安排教学内容的呈现或表达方式的能力

师范生应当根据课程标准、教学目标和学生的身心发展特点对教学内容进行科学策划、精心组织，通过高效、富有吸引力的方式将知识、观念清晰、准确地呈现或表达给学生。因此，师范生应当在深入研究教材、把握重难点知识的基础上设计合适的呈现顺序和逻辑结构。为增强学生的感性认识，提高学习效果，师范生还要考虑选择多种教学手段，尤其是信息化教学手段，以直观、生动、形象的方式将教学内容呈现给学生。此外，教学内容的表达方式也会直接影响到学生的学习效果，师范生应在教学设计中思考如何用更加简洁精练、准确规范的语言将知识清晰无误地传递给学生。同时，要注重与学生的互动交流，通过设计提问、讨论等环节来调动学生的学习积极性，使其主动参与到课堂教学中来。需要注意的是，高专师范生未来主要从事小学教师岗位，教授的对象是小学生，因此教学内容的表达方式应该生动、活泼，呈现的形式应该直观、形象。

三、教学目标制定能力

教学目标是教学活动的起点和落脚点，它直接影响着教学方法的选择和运用、教学环节的组织和实施、学生活动的设计和安排等，整个教学活动的进行都贯穿着教学目标。师范生要充分认识到教学目标制定的重要性，能对教学活动预期要达到的结果进行规划，根据课程标准、教材要求和学生实际情况恰当确定教学目标。师范生在制定教学目标时，应把握以下几个内容。

（一）教学目标要完整、全面

我国的教育目的是培养德智体美劳全面发展的社会主义建设者和接班人，教学目标是教育目的在教学过程中的具体化，其方向、要求应与教育目的一致，即应是促进人的全面发展。因此，师范生在制定教学目标时，应确保目标的全面性、完整性，充分认识到教学目标是关于学生在知识与技能、过程与方法、情感态度与价值观方面的三维目标，这三个维度相互关联、相互渗透，共同构成了学生全面发展的基础。

（二）教学目标要明确、具体

要充分发挥教学目标的导向、激励和评价功能，就必须增强教学目标的具体性和可检测程度。如果教学目标比较含糊、抽象，那么教师在教学过程中会缺乏明确的方向指引，难以准确把握教学的重点和关键环节。学生也会因为目标不清晰而无法明确自己需要努力达到的具体标准，从而降低学习的积极性和主动性。对教学效果的评价也会变得困难重重，无法准确衡量教学是否达成了预期的效果，难以发现教学中存在的问题和不足，更无法有针对性地进行改进和优化。为避免上述情况的出现，教学目标一定要明确、具体，应详细描述学生通过学习期望达到的知识水平，并能够基于各个教学单元制定出明确、具体、可操作且可评估的课时学习目标，这样教学工作才能做到有的放矢。①

（三）教学目标要适度、合理

教学目标的制定绝不能盲目或随意，必须充分考虑学生的发展水平，要能够准确地评估学生当前所具备的知识架构、技能水平、认知特点，以及情感态度等方面的具体状况，还须考虑学生的个体差异。即使在同一个班级中，学生的发展水平也存在较大差距，因此，教学目标的制定既要满足大多数学生的一般需求，又要为学有余力和学习困难的学生提供适当的拓展和支持，做到因材施教，让每个学生都能在原有基础上取得进步。

（四）教学目标不是教学活动

教学目标是一种预期的结果，而不是一种教学活动，二者不可混为一谈。教学目标是在教学活动开始之前就预先设定好的，它明确了学生在经过一系列教学活动后在知识、技能、情感态度和价值观等方面应该达到的具体成果，即指明通过教学过程，学生能理解什么、能掌握什么、能有什么样的收获。例如，在技能方面，能熟练地掌握各种实用的操作技巧和方法，并且能够灵活运用到实际情境中；在价值观方面，能树立正确的是非观念，明白什么是真、善、美。教学活动则是为了实现教学目标而采取的一系列具体的行动，包括教师的讲解、演示、组织讨论、布置练习，以及学生的听讲、思考、回答问题等。因此，不能用描述教学活动的术语来代替对学生学习结果的表述。

---

① 郑涵悦.高职师范生创新能力培养的教学体系构建研究[J].学周刊，2023（3）：34-36.

四、教学策略选择能力

教学策略是指在教学过程中所采取的具体做法，包括如何选择恰当的教学方法、如何选择教学媒体等。教学策略选择能力可以细化为教学方法的选择和设计能力、教学媒体的选择和设计能力。

（一）教学方法的选择和设计能力

教学方法是指为完成教学任务而采取的教学实施办法和教学具体方式。我国现行的教学方法主要分为三类，即以语言传递信息为主的方法，如讲授法、问答法和讨论法等；以直观感知为主的方法，如演示法、参观法等；以及以实际训练为主的方法，如实验法、练习法、实习作业法等。师范生需要理解把握这些方法的内涵，懂得运用每种教学方法的基本要求，尤其要充分认识到，教学有法，但无定法，贵在得法，放之四海而皆准的教学方法是不存在的。要想恰当地选择教学方法，应考虑以下因素：教师自身的条件；学生的实际情况；学科特点和教学内容的性质；教学目标的要求；教学的设备、条件；教学的时间和节奏等。

（二）教学媒体的选择和设计能力

教学媒体是教学中不可或缺的元素，也是实现教学方法多样化的重要依托，其内涵和外延广泛，既包括粉笔、黑板等传统媒体，也包括幻灯片、录像、录音等现代教学媒体。教学媒体尤其是现代教学媒体为教学工作的开展提供了一定的便捷性，促进了教学的发展。要运用好教学媒体，需从以下几个方面考虑：根据教学目标进行选择；根据学生特点进行选择；教学媒体的技术特点和功能；教师的信息素养；所选教学媒体的经济成本。[①]

五、教学过程规划能力

教学过程既是教学实施的过程，也是落实教学目标、选择和运用教学方法、组织教学内容、合理安排教学活动的过程。在这个动态过程中，师范生要根据教学规律和学生身心发展特点，有目的、有计划、有组织地引导学生掌握知识和技能，发展学生能力，增强学生体质，培养学生良好的道德品质，促进学生全面发展。师范生在编写教学过程时，应考虑以下三个方面。

（一）教学过程要体现目标性

教学目标是整个教学活动的出发点和落脚点，要把目标理念贯穿到整个教学过程的设计中，师范生在设计教学环节、对学生提出问题时应该紧紧围绕教学目标的实现来思考，以确保每一个教学步骤和教学活动都与教学目标紧密相连，形成一个有机的整体。无论是在最初的导入环节，还是在具体的课堂讨论或者小组活动中，抑或是在巩固复习阶段，教学活动都应与教学目标保持一致。只有让教学目标渗透进教学过程的每一个环节，使各个教学步骤和教学活动都能成为实现教学目标的有力支撑，才能打造出高效、有价值的课堂，真正促进学生的知识增长和能力提高。

（二）教学过程要体现适度性

在编写教学计划时，师范生要充分考虑学生的年龄特征、已有的知识水平，从学生实际情况出发，把控好教学内容的难易程度，遵循循序

---

① 全国十二所重点师范大学. 教育学基础[M]. 3版. 北京：教育科学出版社，2014：5.

渐进的原则，引导学生从简单、基础的知识逐步向复杂、高深的知识领域迈进，帮助学生不断克服困难，逐步提高学生的学习能力；要把握好教学节奏，不能过快，否则容易导致学生囫囵吞枣，理解不了、消化不了知识，也不能过慢，否则会浪费学生的时间和精力，降低学生学习的积极性和主动性。师范生要根据教学内容的难易程度、重点难点等合理安排教学活动和教学时间，调控好教学节奏。

（三）教学过程要体现完整性

完整的教学过程应该包括导入、新授、练习、巩固、布置作业等环节。导入环节是教学过程的起始环节，应能够激发学生的求知欲和学习欲，是学生学习的心理起点和基本条件。新授环节是帮助学生领会知识的环节，是教学过程的中心环节，教师要在这个环节中引导学生感知教材并建立清晰的表象，使理论知识、抽象知识通过更加直观的形式呈现出来，让学生更容易理解、消化所学内容，并通过分析、演绎、归纳、概括等思维方法掌握概念和原理，认识事物的本质和规律。练习环节是让学生通过实践加深对知识的理解和运用，教师可通过练习结果了解学生对知识掌握的情况，根据实际情况及时调整教学过程。巩固环节是教学过程的一个必要环节，关系到知识的提取和运用，教师要善于运用多种学习策略强化学生学习效果，提高其对知识的掌握程度。布置作业环节应紧紧围绕课程标准和教材内容进行，通过布置书面作业、口头作业和实践作业等不同类型的作业，让学生在完成作业的过程中运用知识，形成技能，培养其解决实际问题的能力。

第二节　教学实施能力

教学实施是指将预先设计好的教学计划、教学方案付诸实践的具体行动和操作，主要包括对教学情境的创设、运用教学资源和手段辅助教学、对课堂教学的组织和管理、根据教学实际情况及时对教学过程进行调整和优化、引导学生进行思考和讨论等一系列活动。教学只有实践才有生命力，师范生要想实现教学的生命活力，必须重视教学实施，具备良好的教学实施能力。一般而言，教学实施能力包括教学情境创设能力、信息化教学能力（多媒体教学应用能力）、教学组织和管理能力、教育机智、学习指导能力、运用教学语言能力、人际交往能力。

一、教学情境创设能力

教学情境是教学的突破口，能潜移默化地将学生的认知活动和情感活动进行有机融合，使学生的学习动机保持在一个稳定的水平，进而使其能持续投入学习之中。师范生创设教学情境时应注意以下事项。

（一）教学情境要具有启发性和趣味性

创设的教学情境应符合教学目标要求和学生已有的认知水平、生活实际，具有一定的启发性和趣味性，能建立学习内容与学生生活经验之间的联系，激发学生的学习兴趣，充分调动学生参与课堂的主动性和积极性。启发性的教学情境能够引导学生自主思考、深入探究，培养他们的创新思维和解决问题的能力。趣味性则能够吸引学生的注意力，让他们在愉悦的氛围中享受学习的过程，从而更加愿意主动参与到课堂中来，积极发表自己的见解，与教师和同学进行有效的互动交流。具有启发性和趣味性的教学情境是激发学生学习兴趣、提高其课堂参与度的关键因素，对于提高教学质量和教学效果具有不可忽视的作用。

（二）要采用多种形式创设教学情境

创设教学情境的方式多样。例如，可以运用多媒体技术，通过图片、音频、视频等，为学生呈现直观的学习场景，使学生身临其境地学习；可以设计充满乐趣的游戏活动，让学生在轻松愉悦的氛围中不知不觉地掌握知识；可以提出富有启发性和挑战性的问题，激发学生的好奇心，引导他们深入思考、探究；可以讲述生动有趣的故事，以情节吸引学生，使其自然而然地融入教学情境中；可以借助充满感染力和表现力的教学语言，描绘出栩栩如生的画面，让学生在优美的语言中感受到知识的魅力，沉浸于知识的学习中。

二、信息化教学能力

当前，社会信息化步伐日益加快，大数据、物联网、3D 打印等新技术不断涌现，信息技术对现代化社会的发展产生了越来越大的影响，信息化也成为现代化的有力支撑。要想加快推进教育现代化，必须以教育信息化为先导。要想以教育信息化支撑引领教育现代化发展，又必须坚持信息技术与教育教学深度融合的核心理念，而推动融合的主体便是教师，信息素养已成为当代教师必备的素质。师范生要不断提高信息素养，具备一定的信息化教学能力，充分利用各种信息资源来支持学生的学，培养学生的创新精神和实践能力。[①] 具体而言，信息化教学能力要求师范生熟练掌握信息化教学设备、软件及其他新技术的常用操作，如多媒

---

① 陈晓慧. 教学设计 [M]. 2 版. 北京：电子工业出版社，2009：232.

体课件制作软件、在线教学平台等，并通过运用这些工具，高效地整合教学资源，创新教学方法，将抽象的知识以直观、清晰的方式呈现给学生。同时，师范生要从繁多的网络资源中迅速准确地获取有价值的教育资源，并能对其进行合理的评估和选择，不断丰富教育内容，以满足教学的特定需求。此外，师范生要能借助信息化手段进行大数据分析、开展教学评价，精准地了解学生的学习需求、进度和优劣势，从而调整教学策略，有的放矢地开展教育教学工作。

三、教学组织和管理能力

教师是课堂教学的组织者和管理者，其组织和管理水平直接影响到教学质量和教学效果。因此，师范生要具备教学组织和管理能力。

（一）合理控制教学时间和节奏

师范生要合理制订教学计划，控制教学时间和节奏，明确每个教学步骤应占用的时长，通过科学地分配教学活动时间，采取合理的教学活动方式，启发学生思维，激发学生学习的动力。在教学节奏的把控上，要做到张弛有度，既要保证知识传授的紧凑性和高效性，让学生在有限的时间内获取足够的信息，又要预留适当的时间供学生思考、消化和提问。尤为关键的是，师范生在教育教学过程中要善于察言观色，如学生紧皱眉头或是针对课堂上提出的一些问题无法回答，则可能是因为学生没有理解所讲的内容，根据学生在课堂教学中的反应及时调整教学活动，确保教学目标得以实现。

（二）有效管理课堂

师范生要想有效地管理课堂，就要建立良好的课堂秩序。为实现这一目的，师范生要制定并传达明确的课堂规则和行为规范。同时，以公正、一致的态度执行这些规则，不偏袒任何一个学生，使学生对规则产生敬畏之心。在教学过程中，师范生对学生的不当行为能够及时、恰当地予以制止。这里需要注意的是，对违反课堂纪律的学生进行提醒教育时既能严肃指出问题，又能让学生感受到被尊重和被关心，从而心悦诚服地改正错误，不能简单粗暴地惩罚学生，挫伤学生的自尊心和自信心。

四、教育机智

在师生的交互作用中，教育情境往往是难以控制的，意外情况随时可能发生，会对教学带来一定的不利影响，要求教育者在教学过程中面对突发情况要作出及时而智慧的反应，即具有教育机智。一般来说，教育机智分为处理教学失误、学生失当行为、学生意外回答、教学环境突变等类型。师范生要在不同情境下迅速而正确地作出判断并采取恰当有效的教育措施来解决突发情况。在发挥教育机智时，应遵循因势利导、扬长避短、达到正面教育效果的指导原则[①]，以尊重学生为出发点，以关爱学生为着力点，对突发事件或问题的处理要始终秉持有利于学生成长的理念，这样才能化不利因素为有利因素，使教育活动更加生动活泼，让学生在一次次的经历中不断成长和进步，达到正面教育的效果。

五、学习指导能力

教师在教育教学过程中发挥着主要的、导向性的作用，是学生学习的指导者，因此，学习指导能力是师范生职前培养的重要能力之一。师范生要根据学生特点，指导学生开展自主学习、合作学习、探究学习，为学生实现全面发展和个性发展提供丰富的学习机会和学习体验。

---

① 黄济，劳凯声，檀传宝.小学教育学[M].3版.北京：人民教育出版社，2019：90.

师范类专业认证背景下高专师范生教学实践能力提升研究

（一）了解学生的心理特点和认知规律

教育家乌申斯基（Ushinsky）曾经说过："如果教育家希望从一切方面去教育人，那么就必须首先从一切方面去了解人。"因此，师范生需要深入了解不同年龄段学生的心理特点和认知规律，这是进行学习指导的先决条件。只有充分了解学生的学习基础、需求、特点、风格，才能为每个学生制定合适的学习策略。

（二）掌握丰富的学习理论和方法

师范生要掌握丰富的学习理论和方法，能够将其灵活运用到实际的指导工作中。无论是行为主义、认知主义、建构主义、人本主义等学习理论，还是项目式学习、问题解决式学习、发现学习等学习方法，师范生都要熟知其特点和适用场景，根据具体的学习内容和学生的需求进行选择和组合，促进学生有效学习，使学生取得良好的学习效果。

（三）进行评价与反馈

师范生要对学生的学习过程和成果进行客观、全面的评价，及时给予准确且具有建设性的反馈，让学生清楚自己的学习进展和不足之处，明确努力的方向。同时，要引导学生学会自我评价和自我调整，让学生培养自我反思的习惯，进而主动调整学习计划和学习方法，不断提高学习能力。

六、运用教学语言能力

教学语言是教师进行教学工作的主要教学手段，包括口头语言、书面语言和肢体语言等。运用教学语言能力包括口头语言运用能力、书面语言表达能力（板书设计能力）及肢体语言运用能力。

· 92 ·

（一）口头语言运用能力

口头语言是师生交往的最常用、最便捷的工具，良好的口头语言运用能力是从事教学工作的重要基础，师范生应普通话标准、口齿清楚，避免因口音或发音错误给学生带来误解。同时，要注意语调的高低、语速的快慢，讲究抑扬顿挫，能够根据教学内容和情境的变化进行调整，增强语言的感染力和吸引力，尤其是针对小学生，要努力做到生动形象、富有感染力。此外，语言表达要准确、精练、有条理，在讲解时能够准确地阐述概念、原理、法则，有条理地组织思路，既逻辑严密又清楚明白，让学生能够轻松理解和掌握学习重点。

（二）书面语言表达能力

书面语言表达能力主要表现为板书设计能力。板书是我国教学活动中常用的一种教学手段，无论是口头讲授，还是教具演示，抑或是示范性实验，往往都需要借助板书这一手段。好的板书能够让学生集中注意力，帮助学生梳理教材的知识体系，将教学内容变得更加直观、更加具体，帮助学生更好地理解书本知识及知识之间的联系。设计的板书应符合以下要求：一是要做好整体设计，在进行板书之前，要对板书的布局、内容安排、结构框架等有一个全面且系统的规划，能考虑到教学的重难点，以及知识之间的逻辑关系，确保板书能够清晰地呈现教学的核心内容和教学思路；二是要具有审美性，确保板书的字体工整、美观，颜色、图表的运用等能给人以美的感受，吸引学生的注意力，激发他们的学习兴趣；三是要形象直观，通过采用表格式、图文式、纲目式、对比式等形式，将抽象的知识转化为具体、形象的视觉信息，便于学生更好地理解和记忆；四是要简洁明了，板书内容应避免冗长和复杂，突出关键知识点，用清晰的结构表达重点，让学生能够迅速把握核心要点。

（三）肢体语言运用能力

师范生要具有一定的肢体语言运用能力，这有利于与学生建立良好的沟通关系，提高教学效果。在运用肢体语言时，亲切的表情能让学生感受到教师的亲和力，从而更愿意积极参与课堂互动；鼓励的眼神则给予学生勇气和信心，激发他们主动思考和大胆表达；恰当的手势能够增强语言表达的力度和清晰度，起到强调重点、引导思路的作用。但是，要注意肢体语言的自然流畅，避免出现过于夸张或频繁的肢体动作，以免分散学生的注意力或造成误解。

七、人际交往能力

教学过程是通过教师与学生之间展开人际交往来实现的。在学校中，师生关系是最基本的人际关系，良好的师生关系是教学活动顺利开展的重要条件，对于激发学生的学习兴趣和培育其完整人格具有重要意义。因此，与学生交往的能力是师范生职业能力中不可或缺的一项。师范生只有深刻理解并积极践行关爱、尊重、公平公正、认真负责等与学生相处的行为准则，懂得建立良好师生关系的方法，才能真正建立起和谐、融洽的师生关系，才会给教学质量的提高带来积极的影响。

（一）树立正确的学生观

学生观即教师对学生的基本看法，直接影响着教师对学生的认识、态度与行为，进而影响学生的发展。具备正确的学生观，就是要把学生看成具有能动性、巨大发展潜能的人，认识到师生关系在本质上是一种平等的关系，意识到学生的主体地位，这是教育工作者能够以积极、健康的心态与学生建立良好关系的基石。只有秉持这样的观念，在与学生的交往中始终保持尊重、信任、赏识、关爱的态度，学生才会亲其师、信其道、乐其教。

（二）主动与学生沟通

师范生要充分认识到，教育者在教育教学过程中发挥着主导作用，这意味着在师生交往过程中，教师不能被动地等待学生来找自己，而应该积极主动地走近学生，有意识地创造各种交流机会，常与学生保持亲密接触，不仅在课堂上展现出专业的教学素养，更要在课堂外走进学生丰富多彩的内心世界，真诚地与他们交心，打破师生之间的隔阂，真正建立起与学生之间的联系。

（三）掌握与学生交往的策略与沟通的技巧

师范生要通过多样化的方式和渠道，如寻找共同话题、组织开展形式多样的集体活动、参与学生自发组织的活动，积极主动地与学生进行有效的沟通和互动。同时，要掌握沟通的技巧，学会换位思考，站在学生的角度去看待问题、感受情绪，给予学生更多的理解和包容。此外，师范生还要学会倾听，给予学生充分表达的机会，用心去理解他们的想法、感受和需求，对学生的想法不急于评判或是求全责备，让学生感受到被尊重和被重视。

第三节　教学评价与反思能力

教学评价与反思是教师提高教学工作质量的主要方式，也是促进教师成长和发展的重要手段。

一、教学评价能力

教学评价是教学工作中不可或缺的一个重要环节，评价结果提供信息反馈，帮助评价对象反省自身状态、克服教学工作中的不足，并对教学工作进行整体调节，使教学活动能向预定目标不断前进。一般来说，教学评价能力主要是指评价教师教学工作能力和评价学生学业能力。

（一）评价教师教学工作能力

教师教学工作评价是对教师的教学质量进行分析与评价，它是教学反馈和教学质量管理的重要内容，不仅有利于课堂教学改革的推进，还能促进教师的专业发展。一方面，教学工作评价可以帮助教师更清楚地了解自身的长处与不足，根据反馈的信息调节自己的教学内容、教学方法、教学过程等，进而不断提高教学能力。另一方面，教学工作评价可以提供教师相互学习的机会，增进教师之间的了解，促进教师共同成长、共同提高。因此，师范生要充分认识到教学工作评价的重要意义。

在进行教学工作评价时，要把握两个方面：一是要准确把握评价标准。开展教学工作评价，首先要把握评价标准，即要知道从哪些方面评价教学工作质量，这是确保评价科学、客观、准确且具有实际价值的重要前提。一般来说，评价教师教学工作应围绕教学目标的完成情况、教学内容的安排情况、教学方法的运用情况、教学活动的组织情况、学生主体性的发挥情况等方面进行。二是要经常开展自我评价。教师教学工作的评价包括学生评价、专家评价、同行评价和自我评价等多种方式。自我评价是进行自我反思和自我提高的重要途径，最常用、最有效的方法是写教学日志，除此之外，还可以通过写教后感、总结课堂教学经验和教训等方式进行自我总结、自我反思和自我改进。[①] 师范生在进行自我评价时，既不要自负，只看到自己的优点和成就，而忽视了自身存在的不足和有待改进的地方；也不要妄自菲薄，一味放大自己的缺点和失败经历，而忽略已经取得的进步和自身具备的潜力。

（二）评价学生学业能力

学生学业评价是学生评价的重要组成部分，不仅关注学生在知识领域的学习成绩，还关注其在技能、情感等方面的表现。因此，师范生在对学生学业进行评价时，要系统收集学生的变化信息，并对学生在知识与技能、过程与方法、情感态度与价值观等方面的发展水平进行价值判断。同时，要掌握学生学业评价的方法，能充分运用标准化测验、教师自编测验等量化评价方法，以及档案袋评价法、表现性评价法等质性评价方法，对学生的学业作出全面、准确、公正的评价，为教学改进和学生发展提供有力支持。

二、教学反思能力

教学反思是教师进行自我教育的重要方式，在教师成长中发挥着重要作用。教师不能仅仅满足于获得经验，更要对获得的经验进行深入的思考、总结，否则教师的发展会受到限制。师范生要充分认识到教学反思对其专业成长的重要意义，并能掌握和运用反思日记、观摩比较、交流讨论、行动研究等反思方法和策略，不断分析、解决教育教学问题，提高教学实践的合理性，促进自身的专业发展。

---

① 黎翔. 教育学[M]. 北京：航空工业出版社，2014：195.

（一）掌握和运用反思的方法和策略的能力

掌握和运用反思的方法和策略是师范生开展教学反思的重要基础和关键环节，师范生需要熟练掌握并运用反思性写作、教学活动观摩、行动研究等反思的方法和策略。通过教学日记、教育随笔、教育叙事等反思性写作对教学中的思考和感悟进行系统梳理和深度挖掘。教学活动观摩为师范生提供了直接学习他人教学经验的机会，在观摩比较中找到自身的差距和改进的方向。行动研究促使师范生将反思的结果转化为实际的教学行动，并在实践中不断检验和改进教学能力。

（二）自我诊断与改进的能力

师范生要具备自我诊断与改进的能力，这是其不断成长的关键。自我诊断要求师范生能够对自己的专业知识、教学实践进行全面且深入的审视，思考自己在学科专业知识、教育理论知识和科学文化知识的掌握上是否扎实，反思教学方法的选择和运用是否有效、课堂管理是否得当、学生主体性是否充分发挥、教学目标是否实现等。在审视、反思的基础上，能根据自我诊断的结果，制订切实可行的改进方案，并严格按照制订的方案执行，不断进行自我调整。

第四节　教学研究能力

教学研究能力是指教师根据科学的理念，有目标、有规划、系统地对教学中存在的问题和结果进行研究，是有效提高教学水平的一种心理特征。① 强化师范生的研究意识，提高其研究能力，是其职业发展的需要。教学研究能力可以分为确定研究课题的能力、分析研究问题的能力、解决研究问题的能力及撰写论文的能力。

一、确定研究课题的能力

要确定研究课题，师范生必须善于发现问题，在教学研究中能明确关键问题并认识其研究价值，这样才能在选题时选到可行、先进且新颖的课题。

（一）提出研究问题

提出问题有时比解决问题更重要。研究的问题必须是科学的问题，具有一定的理论意义和实践意义。一般来说，师范生可以从反思自己的教学活动和成效中发现问题，也可以在自己的教学实践与新的教学观念、别人的经验的对比中发现问题，还可以从前人的研究成果中发现问题。

（二）考虑研究的可行性

在研究过程中，要将关注的问题厘清头绪，用明晰、准确且易于理解的语言将其描述出来。题目应当具体且明确，避免过于宽泛和模糊。如果问题设定得太大、太笼统，就会缺乏聚焦点，导致研究难以深入和有针对性地展开。同时，要考虑完成课题的主客观条件，包括研究的时间、经费、能力等方面，这样才能确保研究如期完成。

（三）注重研究的价值

一个好的研究课题应具有一定的理论意义和实践意义。从理论意义

---

① 傅建明．教育学基础：中学 [M]．北京：北京大学出版社，2018：215.

上来看，应当能够填补现有研究成果的空白领域，或者对已有的研究成果进行深化、拓展和完善。在实践意义方面，研究课题应关注社会热点问题、行业发展需求等诸多方面，能够解决现实生活中存在的实际问题，或者为实际工作提供有效的指导和建议。

二、分析研究问题的能力

分析研究问题的能力是指师范生能从多角度把握要研究的问题，并对相关资料进行收集、整理、分析。这一能力对于师范生深入研究问题、提出解决方案及改进教学实践具有重要意义。

（一）收集相关资料

师范生在进行教学研究的过程中，要懂得如何系统地收集与研究问题相关的资料。具备良好的资料收集能力，可以帮助师范生更有效地开展教学研究，为解决实际问题提供有力的理论支持。师范生可运用多种途径，如图书馆、数据库等，以获取更全面、丰富的研究资料，并通过查阅前人的研究成果来了解研究领域的发展历程、现状和趋势。

（二）整理、分析相关资料

收集大量相关资料后，师范生需要对资料进行分类、整理、排序、过滤等，确保资料条理清晰、易于理解和运用。同时，要对收集到的相关资料进行有效分析，厘清问题各部分的因果关系，找出关键信息点，逐步揭示问题的本质。

三、解决研究问题的能力

发现问题的目的是解决问题，提高教学效果。因此，提出解决研究问题的办法、思路及措施是开展教学研究工作的关键。

（一）制订研究计划

在分析问题的基础上，师范生需要制订研究计划，明确具体的实施步骤、责任人、时间节点、研究的关键任务及预期的效果。

（二）实施研究计划

师范生需要将制订的研究计划付诸实践，这是将理论设想转化为实际成果的关键步骤。在具体操作过程中，要充分认识到实际情况的复杂性和多变性，灵活运用研究方法，应对各种可能出现的实际问题。在实践过程中，师范生要随时注意观察问题，对遇到的问题作具体的分析，根据研究的进展和遇到的具体情况，适时调整和选择最适合的研究手段。

四、撰写论文的能力

撰写论文是对研究成果进行系统梳理、总结，将研究成果通过论文的形式表达或呈现，是研究工作的最后一个环节。论文撰写严谨细致、思路清晰才能更好地发挥研究成果的效益。

（一）表述简洁

撰写论文时，语言表达务必简洁清晰，避免使用过于繁杂、晦涩的语句结构，精简冗余的词汇和修饰语，以精准的语言传达核心思想。每个段落、每个句子之间应过渡自然，逻辑连贯，使整篇文章形成一个有机的整体。

（二）观点明确

论文要有一个鲜明且一以贯之的观点，生动体现出研究的立场和主要论断。此外，还要通过丰富多样的材料，如翔实的数据、文献等，来为观点提供坚实的理论支撑和论证。在此过程中，要确保所选用的材料与观点紧密契合，共同构建一个严密且令人信服的论证体系。

（三）突出创新

论文应展现出独特的视角、新颖的研究方法或与众不同的见解，这是由教学研究目的所决定的，体现为对既有理论的突破与拓展，对传统观念的重新解读，或者是发现了前人未曾关注的研究空白并加以填补。创新能够使研究成果在同类研究中脱颖而出，为教学领域带来新的活力和启示。

第五章　师范类专业认证背景下高专师范生教学实践能力及其培养现状调查

第一节　调查设计与实施

一、调查目的

结合师范类专业认证的要求，旨在通过问卷调查、开放式访谈等方式，了解某师范专科学校师范生教学实践能力及其培养现状，深入分析、探讨其中存在的问题，并在此基础上采取针对性措施，优化师范生培养策略，提高师范生教学实践能力，不断促进师范生专业成长，为培养高素质、专业化教师奠定基础。

二、调查工具的编制与实施

样本学校为师范专科学校，校内开设了许多如语文教育、数学教育、英语教育等师范专业，主要培养小学教师。本研究主要是在相关文件和咨询专家研究成果的基础上编制了学生问卷和访谈提纲。

学生问卷分为三个部分，即基本信息、问卷主体、问卷补充部分。基本信息包括学生性别、专业和学制；问卷主体部分包括师范生教学实践能力、师范生教学实践能力培养两个维度。

师范生教学实践能力这一维度具体围绕教学设计能力、教学实施能力、教学评价与反思能力及教学研究能力四个影响因子来编制题目。

师范生教学实践能力培养这一维度主要围绕课程与教学、合作与实践、条件保障三个影响因子来编制题目。课程与教学包括课程结构、课程内容、课程实施等方面；合作与实践包括协同育人、实践教学等方面；

条件保障包括教师队伍保障、设施资源保障等方面。

　　问卷补充部分则是为了进一步了解学校对师范生教学实践能力培养的其他情况而设计的相关题目。编制好问卷补充部分后，先对初始题目进行小样本调研，分析预调研数据，删除区分度不好的题目。对保留下来的题目，重新抽取样本进行调研，对所得数据进行分析，最终形成《高专师范生教学实践能力现状调查问卷》（见附录）。该问卷主体部分共 46 道题，所有题根据影响因子进行排列，46 道题均为正向计分。详细因子分布情况（见表 5-1）。该问卷采用 Likert 五点计分法，要求被试者根据自己的情况选择合适的选项，"非常不符合"到"非常符合"依次为 1 分、2 分、3 分、4 分、5 分。

表 5-1 《高专师范生教学实践能力现状调查问卷》正式问卷维度及题目设置一览

一级指标	二级指标	三级指标	正式问卷题号
教学实践能力	教学设计能力	学情分析能力	T4、T5、T6、T7、T8、T9、T10 共 7 项
		教学过程编写能力	
		教学内容设计能力	
		教学目标制定能力	
		教学策略选择能力	
	教学实施能力	教学情境创设能力	T11、T12、T13、T14、T15、T16、T17、T18、T19、T20、T21、T22、T23 共 13 项
		信息化教学能力	
		教学组织和管理能力	
		教育机智	
		学习指导能力	
		运用教学语言能力	
		人际交往能力	

一级 指标	二级 指标	三级指标	正式问卷题号
教学 实践 能力	教学评 价与反 思能力	评价学生学业的能力	T24、T25、T26、T27、T28、 T29 共 6 项
		评价教师教学工作的能力	
		掌握和运用反思的方法和策略的能力	
		自我诊断与改进的能力	
	教学研 究能力	确定研究课题的能力	T30、T31、T32 共 3 项
		分析研究问题的能力	
		解决研究问题的能力	
		撰写论文的能力	
教学 实践 能力 培养	课程与 教学	课程结构	T33、T34、T35、T36 共 4 项
		课程内容	
		课程实施	
	合作与 实践	协同育人	T37、T38、T39、T40 共 4 项
		实践教学	
	条件 保障	教师队伍保障	T41、T42、T43 共 3 项
		设施资源保障	

在样本选择上，将某师范专科学校语文教育专业、数学教育专业、英语教育专业、科学教育专业、音乐教育专业、体育教育专业、美术教育专业等有过实习经历的学生作为调查样本。之所以选择这些学生，是因为这些学生既学习了理论知识，又参加过实际教学工作，以他们为调查样本更能发现理论与实践之间存在的问题。本次调查共发放问卷 1000 份，有效问卷为 984 份，问卷有效率为 98.4%。被试分布情况（见表 5-2）。

表 5-2 《高专师范生教学实践能力现状调查问卷》被试分布情况一览

因素	分类	人数（人）	人数百分比（%）
性别	男	342	34.76
	女	642	65.24
专业	文科类	579	58.84
	理科类	324	32.93
	艺体类	81	8.23
学制	三年制	387	39.33
	五年制	597	60.67

从性别结构来看，某师范专科学校男女比例不均衡，男生少、女生多，从调查对象的男女生比例来看，基本符合学校整体男女比例。从专业结构来看，音体美等艺体类专业学生人数较少，参与调查的学生在专业分布上基本符合学校实际情况。从学制分布来看，五年制学生人数多于三年制学生人数，调查对象中学制五年制和学制三年制参与人数的比例符合学校实际情况。综上所述，此次调查结果在一定程度上反映了高专师范生教学实践能力现状，具有一定的代表性，可以为优化师范生培养提供参考和借鉴。

第二节　高专师范生教学实践能力现状分析

"教学实践能力是师范生未来职业生涯中最为核心的素质和能力，是区别于其他职业的根本表征，其培养也日益受到重视。"[①] 本研究结合师

---

① 颜茹 .S 大学小学教育专业学生教学实践能力培养研究 [D].锦州：渤海大学，2019.

范生教师职业能力标准、教师专业标准及师范类专业认证标准相关要求，将师范生的教学实践能力细化为教学设计能力、教学实施能力、教学评价与反思能力以及教学研究能力。根据调查结果可知，师范生在这四种能力的自评中得分较好，均处在中等以上水平（见表5-3）。其中，教学实施能力的得分最高，教学研究能力得分最低。笔者通过访谈了解到，学生在掌握教学研究的理论知识方面比较薄弱。学生反映虽然学校开设了"教育研究法"课程，但教师的授课仅限于课堂内，且以理论讲授为主，运用教育科研方法开展调查研究、撰写总结科研成果等方面的实践训练较少，因此不是很清楚应该如何开展调查研究，也不是很明白应该如何撰写论文，甚至有少数学生认为研究活动应该是在高校或者研究机构里面开展，在基础教育学校里不太需要或者不具备从事研究活动的条件，因认识不足、重视不够导致学习效果受到影响。

表 5-3　教学实践能力的描述统计（N=984）

类型	题项	均值	标准偏差	每题均值	每题标准偏差
教学设计能力	7	25.81	5.585	3.69	0.798
教学实施能力	13	48.51	9.906	3.73	0.762
教学评价与反思能力	6	22.12	4.808	3.69	0.801
教学研究能力	3	10.78	2.508	3.59	0.836

注：N代表调查人数，下面不再说明。

部分师范生的教学实践能力较为欠缺，且分项能力表现情况不一，如口语表达能力表现较好，撰写教育教学论文的能力表现较差，可见师范生的教学实践能力还有较多方面需要提高。

一、教学设计能力方面

教学设计主要解决教什么、怎么教、为谁教等问题，一般包括教学目标、学情分析、教学过程、教学策略和教学内容等方面的设计。调查结果表明，师范生在教学策略选择能力上得分最高，其次是教学过程编写能力、教学内容设计能力和学情分析能力，教学目标制定能力上得分最低（见表5-4至表5-8）。

访谈中部分师范生表示，学校开设的教育学、各学科教法课等专业课程中有较多内容涉及教学方法，教学方法的选择和应用方面的知识掌握较好，因此在教学策略选择能力上得分最高。而一些师范生表示，不能恰当制定教学目标，主要表现在不善于结合实际情况创造性地设计教学目标，通常依靠教学参考用书或是实习指导教师完成的教学设计内容依葫芦画瓢；能较好地把握知识与技能的目标，但是对过程与方法、情感态度与价值观等把握不足。此外，对其所教学科的课程标准不熟悉、不了解也是师范生在教学目标制定上没有信心的重要原因之一。

根据调查数据显示，学情分析能力也是师范生短板之一。部分师范生表示，在实习期间才有与学生接触的机会，因学生人数较多，没有时间和精力逐一了解，且学生之间存在差异，导致对学生了解不够深入全面。

表5-4　教学目标制定能力的描述统计（N=984）

题项	均值	标准偏差
您能根据课程标准要求和学情分析确定恰当的教学目标	3.63	0.975

表 5-5　学情分析能力各项观测点的描述统计（*N*=984）

题项	均值	标准偏差
您了解分析小学生学习需求的基本方法	3.66	0.898
您能根据小学生已有的知识水平、学习经验和兴趣特点，分析教学内容与学生已学知识的联系，预判学生学习的疑难处	3.66	0.893

表 5-6　教学过程编写能力的描述统计（*N*=984）

题项	均值	标准偏差
您能合理安排教学过程和环节	3.72	0.868

表 5-7　教学策略选择能力的描述统计（*N*=984）

题项	均值	标准偏差
在教学中，您能根据实际情况恰当选择讲授法、讨论法、谈话法、演示法等教学方法	3.75	0.871

表 5-8　教学内容设计能力各项观测点的描述统计（*N*=984）

题项	均值	标准偏差
您熟悉任教学科的课程标准和教材，理解教材的编写逻辑和体系结构	3.68	0.892
您能准确地把握教材的重点、难点	3.71	0.876

二、教学实施能力方面

教学实施是赋予教学设计生命力的关键环节，再好的教学设计，如果没有付诸实践，也只是纸上谈兵。调查结果表明，在师范生的自我评价中，多媒体教学设备应用能力的得分最高，其次是人际交往能力、运用教学语言能力、学习指导能力、教学情境创设能力、教学组织和管理能力，教育机智能力的得分最低（见表5-9至表5-15）。

值得一提的是，虽然师范生在运用教学语言能力上的综合得分不是最高的，但其口头语言表达能力这一单项的得分是最高的。笔者在访谈过程中了解到，绝大多数师范生在实习前便已经通过了普通话测试，并且大部分达到了二甲水平，在实习期间能清晰地表达教学内容。

教育机智能力是一种随机应变能力，在教学实践过程中难免会出现一些意料之外的情况，可能会给课堂教学任务的完成、教学节奏的把控等方面带来一定的不利影响，化解这些不利影响需要具备一定的教育机智。而部分师范生表示自己比较缺乏教育机智，虽然在上课前会制订教学计划，但在课堂中出现计划之外的突发情况时，由于缺乏教学经验，有时不能做到沉着冷静对待，不能很好地控制局面，无法化解突发情况带来的负面影响。

表 5-9　教学情境创设能力的描述统计（N=984）

题项	均值	标准偏差
您能创设教学情境，建立学习内容与生活经验之间的联系，激发学习兴趣，引导学生积极参与学习活动	3.72	0.858

表 5-10　教学组织和管理能力各项观测点的描述统计（N=984）

题项	均值	标准偏差
您能合理设置提问与讨论，引发小学生主动学习和探究学习，达成学习目标	3.73	0.834
您能根据学生课堂反应及时调整教学活动，控制教学时间和教学节奏	3.70	0.853
您能够科学准确地呈现和表达教学内容	3.71	0.842

表 5-11　多媒体教学设备应用能力的描述统计（*N*=984）

题项	均值	标准偏差
您能熟练运用多媒体及软件展示教学内容	3.79	0.842

表 5-12　人际交往能力的描述统计（*N*=984）

题项	均值	标准偏差
您能与学生保持良好的互动和沟通，充分发挥学生的主体性	3.77	0.848

表 5-13　教育机智能力的描述统计（*N*=984）

题项	均值	标准偏差
您能妥善处理教学中出现的突发情况	3.65	0.858

表 5-14　运用教学语言能力各项观测点的描述统计（*N*=984）

题项	均值	标准偏差
您的板书设计简明、精要、美观、重点突出、布局合理	3.73	0.857
上课时，您非常重视通过肢体语言引导学生	3.71	0.898
您的普通话标准，能够运用准确、简练、规范、有条理的教师口语表达信息	3.83	0.828

表 5-15　学习指导能力各项观测点的描述统计（*N*=984）

题项	均值	标准偏差
您能根据学生特点，指导学生开展自主、合作、探究性学习	3.72	0.849
您能合理选择与整合信息技术资源，为学生提供丰富的学习机会和个性化学习体验	3.71	0.854
您能运用课堂结束技能，引导学生对学习内容进行归纳、总结，合理布置作业	3.74	0.860

三、教学评价与反思能力方面

教学评价与反思能力是促进教师专业发展、提高教师教育教学质量的重要手段。通过评价与反思，教师能及时掌握教与学的情况，思考、分析教育教学工作中存在的问题，及时调整教学设计方案、教学实施的进程，不断改进教育教学工作方法，推动自身和学生发展。

调查结果表明，师范生在教学评价能力的掌握上要差于教学反思能力（见表 5-16 至表 5-17）。在教学评价能力中，师范生对自己能否熟练掌握试题命制的方法与技术这一方面的评价较低。试题命制能力是教师需要掌握的重要能力之一，对教师全面考查学生学习成果、及时了解掌握教育教学工作中存在的问题有直接影响。部分师范生表示，在学校课程学习中，较少学习试题命制的方法与技术，更无实际训练，因此对这个领域比较陌生。此外，大多数师范生反映，在实习期间，一般不会参与到试题命制的工作中，通常是被安排阅卷。

表 5-16　教学评价能力各项观测点的描述统计（N=984）

题项	均值	标准偏差
您能对自己的教学工作进行全面客观的评价	3.72	0.839
您能熟练掌握试题命制的方法与技术	3.62	0.903
您能合理选取和运用评价工具（测验、问卷、观察记录），评价学习活动和学习成果	3.68	0.871
您能准确收集学生的学习反馈，跟踪、分析教学与学生学习过程中存在的问题与不足	3.70	0.850

表5-17　教学反思能力各项观测点的描述统计（N=984）

题项	均值	标准偏差
您能运用批判性思维分析、研究和解决教育教学实践问题	3.69	0.854
您能掌握和运用教育教学反思的基本方法和策略	3.71	0.844

四、教学研究能力方面

随着社会发展和教学改革，对教师提出了新的要求，教师在教学过程中扮演的角色呈现多样化的特点，即教师要扮演传道者、授业者、解惑者、示范者、学生心灵的培育者、研究者等角色。伴随着新课改的实施，"教师即研究者"这一教育理念越来越成为一种共识。教师不再只是教书匠，而是要以研究者的眼光去审视和分析教学理论与实践中遇到的各种问题，总结教学经验，形成规律性认识。[①] 因此，教师要将教学研究工作摆在突出位置，通过教学研究认识并解决自身或他人在教学实践中的问题，不断改进教学实践方式。

调查结果显示，相较于其他能力，师范生对教学研究能力的掌握最差（见表5-18），无论是从其综合得分看，还是从其单项得分看，师范生在教学研究能力的自评中均显得信心不足，突出体现在撰写论文的能力方面。虽然开设了教育研究方法等课程，但因高专师范生在毕业时没有毕业论文考核这一环节，所以无论是授课教师还是师范生本人，对教学研究内容的教学均不够重视，在教学研究能力的掌握上有较大的提高空间。

---

① 傅建明.教育学基础：中学[M].北京：北京大学出版社，2018：215.

表 5-18　教学研究能力各项观测点的描述统计（N=984）

题项	均值	标准偏差
您能在教学研究中明确关键问题并认识其研究价值	3.65	0.865
您能掌握和运用教育教学科研的基本方法分析、研究小学教育教学实践问题，并尝试提出解决问题的思路与方法	3.66	0.863
您具有撰写教育教学研究论文的基本能力	3.47	0.988

从以上四个方面能力来看，得分最高的是教学实施能力，得分最低的是教学研究能力。从分项能力来看，得分在前三的依次为口头语言表达能力（3.83）、多媒体教学设备应用能力（3.79）、人际交往能力（3.77）。得分在后三的依次为教学目标制定能力（3.63）、试题命制能力（3.62）、撰写论文的能力（3.47），这三项能力是师范生教学实践能力较为突出的短板，应针对性地采取相应措施，提高师范生整体素质能力。

第三节　高专师范生教学实践能力培养存在的问题分析

师范生教学实践能力的获得并不是自发的、自为的，而是长期严格培养与训练的结果。[①] 师范生的教学实践能力水平固然与师范生自身因素密切相关，但在很大程度上也受到师范生培养工作开展情况的影响，师范生的培养质量关系到师范生的教学实践能力水平。通过访谈、问卷调查以及查阅样本学校的相关资料，结合师范类专业认证要求，笔者发现在师范生培养工作中存在以下问题。

---

① 唐世纲 . 师范生教学技能的理论框架与实训机制 [J]. 教育评论，2016（5）：107-109.

一、教师教育课程结构不合理，实践课程相对薄弱

一般来说，多数师专学校在教师培养上方式大致相同，课程设置主要包括通识教育课程、学科专业课程和教师教育课程三大类。在课程所占学分方面，通识教育课程中的人文社会与科学素养课程学分不低于总学分的 10%，学科专业课程学分不低于总学分的 35%，教师教育课程达到教师教育课程标准规定的学分要求。具体而言，三年制专科教师教育课程最低必修学分为 20 学分，总学分（含选修课程）为 28 学分；五年制专科教师教育课程最低必修学分为 26 学分，总学分（含选修课程）为 35 学分。

当前，样本学校设置的教师教育课程主要包括教育学、教育心理学、学科课程教学法、现代教育技术、教师口语、汉字书写等。通过考察样本学校各师范类专业教师教育课程的设置情况，结合上级文件要求，笔者发现教师教育课程设置存在以下问题。

（一）教师教育课程欠整合

虽然学校为师范生开设了多样化的教师教育课程，但各个系部的开设情况不尽相同。在教育系，教师教育课程得到了较好的开展，但是在其他系部有些课程没有开设。而且，师范生的培养一般由该学科所在系部与教育系共同承担，即小学语文、小学数学、小学英语等课程教学法是由中文系、数学系、外语系等系部开设，教育系则开设教育学、教育心理学、教育科学研究方法等课程。由于师范生是不同学院协同培养，而院与院之间缺乏有效的沟通交流与组织协调，因而实践类课程之间缺乏统整和有效衔接，课程实施效率低，目标达成度低。[①]

---

① 董新良，闫领楠，赵越.教师教育课程一体化构建：问题、理念及对策：以地方高师院校为例 [J].教师教育研究，2020，32（1）：1-7.

（二）师范性特征不突出

本研究查阅了样本学校八个小学阶段的师范类专业人才培养方案，发现有的师范类专业在教师教育课程的学分设置上未达到认证要求，如五年制语文教育专业教师教育课程总学分为 33 分，五年制数学教育专业教师教育课程总学分为 31 分，五年制美术教育专业教师教育课程总学分为 30 分，三年制美术教育专业教师教育课程总学分为 26 分，未达到五年制和三年制教师教育课程最低总学分要求。有的师范类专业教师教育课程总学分虽然达到认证要求，但教师教育课程学分占总学分的比例偏低，如五年制音乐教育专业教师教育课程学分占总学分比例仅为 16.7%，而学科专业课程和通识教育课程占比均在 41.6% 左右；五年制体育教育专业教师教育课程学分占总学分比例为 14.77%，而学科专业课程和通识教育课程占比均在 30% 以上；五年制英语教育专业教师教育课程学分占总学分比例为 12.89%，而通识教育课程占比在 40% 以上。还有的师范类专业教师教育课程门数不多，最少的为 13 门，其中选修课程最少的为 3 门，比例不合理。在课程内容上，对于"您所学的课程内容引入了课程改革和教育研究最新成果、优秀小学教育教学案例，并能够根据师范生学习状况及时更新、完善"这一问题，有 2.24% 的学生表示非常不符合，3.25% 的学生表示比较不符合，33.43% 的学生表示一般符合，这表明，有部分学生认为教师教育课程未紧密结合基础教育一线。综上所述，部分师范类专业师范性特征不突出。

（三）实践课程相对薄弱

在调查问卷中，对于"目前所有课程中实践课程所占的比例应该提高"这一问题，18.7% 的学生表示非常同意，46.85% 的学生表示比较同意，30.59% 的学生表示一般同意，说明现有的实践课程无法满足师范生的成长需要。目前，学校对师范生的实践课程一般安排在毕业实习时，然而因部分实习生不认真对待实习、自主实习因缺乏监管学生不去实习、实习学校因担心上课质量减少实习生上课机会等，不利于提高师范生的教学实践能力。有 7.62% 的学生表示在实习过程中未独立讲过课，28.66%的学生表示独立讲课 1～10 课时，17.78% 的学生表示独立讲课 11～20课时，12.09% 的学生表示独立讲课 21～30 课时，8.33% 的学生表示独立讲课 31～40 课时，只有 25.52% 的学生表示独立讲课在 40 课时以上，也就是说，只有 25.52% 的学生达到了学校规定的要求。同时，学校未统一安排教育见习、教育研习等课程，其实践教学通常是由各系部或专业自行安排，或是通过师范生自主进行的方式来开展，导致师范生进行教学实践的机会很少，甚至没有机会进行教学实践，存在重视教育实习但弱化教育见习、教育研习的情况，师范生无法获得专业、系统的实践技能训练和指导。

二、教学方法较为单一，重理论轻应用

教学方法是指师生在教学过程中为了实现教学目的、完成教学任务而采取的教与学相互作用的活动方式、手段和程序的总称。[①] 现行的教学方法包括讲授法、讨论法、演示法等。在众多的教学方法中，讲授法是最常用且最基本的一种方法。讲授法的优点是充分发挥教师的主导作用，使学生在较短时间内获取大量的系统知识；其不足之处在于容易束缚学生，不利于学生主动、独立地学习，听课效果较差。

调查结果显示，85.47% 的师范生表示，教师主要采取讲授的方式授课。有些师范生反映，一些教师采用灌输式讲授，所教的内容是深奥枯燥的理论知识，难以调动学生学习的积极性。部分师范生在访谈时表示，

---

① 黎翔 . 教育学 [M]. 北京：航空工业出版社，2014：162.

虽然在学校学习了许多教育理论知识，但是在教育实习过程中感觉学的知识实用性不强，不能有效将理论知识转化为解决问题的能力。这种情况固然与师范生对知识的掌握程度有关，但与教师传授知识过程中重理论轻应用的倾向也有直接关系。师范类专业教师的教育理念和教学方法较为单一，知识体系未能及时更新，不能适应新时代师范专业教育发展的要求，制约了师范生实践能力的培养和提高。

三、教学实践能力训练的模式和途径比较单一

目前，学校未建立系统连贯的教学实践能力专项训练体系，未对教学设计能力、教学实施能力、教学评价与反思能力及教学研究能力等的训练作出系统的安排，训练的模式比较单一。

调查结果显示，在师范生接受实践训练的模式中，参加教育实习的人数最多，占比 74.29%，其次是参加模拟课堂的人数，占比 58.13%，参加教育见习的人数居第三位，占比 41.97%，以上数据说明，学校对师范生教学实践能力训练的模式主要集中在教育实习、模拟课堂和教育见习等，训练模式和途径较为单一。通过对不同专业学生进行访谈和问卷调查可以发现，虽然学校开展了丰富的校园文化活动，但是具有教师教育特色的活动较少，仅有 18.19% 的学生认为"学校会开展形式多样的具有教师教育特色的校园文化活动"表示非常符合，相当一部分学生未参加过课件制作、说课、试讲、三字一话等师范生教学技能竞赛。针对以上情况，学校需要拓宽教学实践能力训练途径，积极开展具有教师教育特色的校园文化活动，多渠道促进师范生教学实践能力提高。

四、教学实践能力评价反馈机制不完善

教学实践能力评价反馈是师范生培养的重要环节，对师范生的成长

和持续发展至关重要，结合访谈情况和部分师范院校的现状，笔者发现师范生教学实践能力评价反馈机制不够完善。一是评价标准缺乏科学性和客观性。部分师范生反映，有些实习学校对师范生实习工作的考核比较随意、主观，评价结果缺乏参考性。二是评价主体缺位。不少师范生表示，因校内指导教师平时与学生交流沟通较少，对学生了解程度低，不能客观评价学生教学实践表现，校内指导教师这一评价主体缺位。此外，笔者通过调阅一些实习生的实习手册发现，一些实习学校的指导教师对评价工作不重视，评语内容和实习表现分数甚至是由实习生自己填写的。三是动态评价反馈较少。部分师范生反映，在实习期间，无法及时获得教学实践表现情况的反馈，也无人指导需要改进的地方，沟通和反馈渠道不畅通。同时，学生缺少对学生在实习实践中所获得能力的过程性考核，动态性评价不佳。四是忽视评价结果的作用。评价结果运用不够充分，未能真正发挥评价促发展的作用，未将考核结果用于推进师范生教学实践能力持续提高。

五、协同培养机制不健全

笔者结合一些地区的协同培养现状和本次调查结果发现，高校、地方政府和基础教育学校的合作较为松散、不够深入，存在合作内容单一、沟通机制不完善、各自要履行的职责不清晰、"双导师"参与师范生培养工作不够积极、考核评价机制不健全等问题，直接影响到师范生的培养质量。

笔者与部分校内外导师、师范生交流得知，一方面，在实习期间，校内导师和校外导师就实习生实习表现问题沟通交流较少。不少校内导师表示，平时基本不与校外导师联系，如要了解实习生在实习学校的表现，会通过线上方式联系实习生，询问其在实习学校的情况，或通过实地走访实习学校的方式来获取实习生实习相关信息。有时虽实地走访实习学校，但主要是联系当地教育行政部门或是直接联系实习学校领导，通过听实习生汇报、参加实习学校召开的座谈会等形式了解实习生的实习表现，很少直接联系校外导师，校外导师也表示这一问题确实存在。另一方面，指导工作开展不实。校内导师表示，自己要对接十几所实习学校、几十名甚至上百名实习生，在指导过程中因工作量较大存在精力不足、投入不够的情况，对实习生的实习情况了解和指导不到位。虽然学校规定校内导师一学期需要走访自己负责的实习点不少于三次，但有些校内导师实际上并未完成走访任务。有些师范生反映在校内导师建的微信群里很少交流，甚至有个别教师面对实习生提出的问题、反映的诉求置之不理或是表现出不耐烦情绪。学校虽然对校内导师的实习指导工作提出了相应要求，但并未对其指导过程进行监督，也未对其实习指导工作的结果进行实质性考核。部分师范生表示，校外导师未主动对实习生进行教学实践指导，实习指导工作无明确的规章制度，完全依靠指导教师自身的责任心和工作态度来开展实习指导工作，考核评价机制缺失是出现以上问题的重要原因。

六、教学软硬件力量不足

目前，学校现有的教学资源不能满足师范生实践教学的需求，仅有19.51%的学生对"学校开展师范生技能实训活动的设备设施场地非常完备"这一情况表示非常符合。近年来，样本学校不断加大对教学设施设备的投入，打造了智慧教室、普通话训练室、微格教室、实验室等教师职业技能实训平台。然而与师范类专业认证的要求、师范生专业成长的需要相比，还远远不够。如微格教室数量与师范生人数不匹配，使得师范生使用微格教室进行教学实践的机会较少；目前只有少数系部拥有固定的书法练习室，多数师范生只有上课时能在书法练习室进行练习，课后多在常规教室练习书法，书法练习效果不理想；普通话训练室数量较少，且多分布在图书馆；实验室的仪器设备不足、老化，无法完成全部教学实践训练。

师范生的培养离不开专业教师的指导，然而，部分教师虽然有较扎实的学科专业基础，但是没有基础教育教学工作的经历，无法对师范生教学实践环节给予更多的指导和帮助。在调查过程中，部分师范生表示，大多数教法课的教师能有意识地引导学生更好地完成教学活动，但缺乏指导方法，即习惯于指出问题，但不能提出解决问题的较好的方案。师范生认为这是因为高校教师没有基础教育教学工作经历所导致的。以上问题体现出教学实践类师资力量较为薄弱。调查结果也说明了这一点，虽然学校建立了100多个教育实践基地，也聘请了一些校外教育实践基地指导教师，但联系不够紧密，互动不够活跃，学校教师走进小学的较少，邀请小学教师走进学校的也不多，部分高校教师对基础教育教学的特点和需要不太了解，分析、解决教育教学实际问题的能力较弱。此外，学历结构不合理，高等学历尤其是博士学位的教师未达到师范类专业认证的一级标准，教师队伍建设中存在的短板，直接影响了师范生的培养质量。

第六章　师范类专业认证背景下高专师范生教学实践能力提升路径探索

第一节 课程设置

在师范生的培养中，教师教育课程是核心课程，因此要加强教师教育课程体系建设，提高师范生的核心素养。

一、协同推进教师教育课程有机衔接

含有师范类专业的各教学单位要和教师教育学院建立交流协商机制，明确双方在师范生培养工作中的职责，共同制订师范类专业人才培养方案，确定培养目标、课程目标和人才培养模式，规范培养工作的各环节和流程。教务处等职能部门还要对双方履职尽责、制度落实等情况加强监督管理，督促各教学单位严格执行制度规定，通力协作，形成教育合力，确保教师教育课程在不同教学单位、不同师范专业都能开展好、实施好，切实提高师范生培养效果。

二、基于师范类专业认证逻辑重构课程体系

在各类教育专业认证标准中，对师范类专业办学的培养目标和师范生的毕业要求提出了指导意见。毕业要求支撑培养目标，课程体系支撑毕业要求，是师范类专业认证逻辑的核心。需要注意的是，虽然师范类专业认证标准从八个方面明确了毕业要求，但专业不宜照搬这八条要求，而应结合本专业培养目标制定对应的毕业要求，即毕业要求要能够支撑培养目标，并在广度、深度和程度上完全覆盖认证标准的八条内容。

综上所述，在进行课程设置时，要关注其对毕业要求的支撑度、课

程目标与培养目标的对应度，以及各类课程比例的合理度，处理好专业理论知识和教育教学能力之间的关系、学科性与师范性之间的关系、专业课与通识课之间的关系、第一课堂与第二课堂之间的关系，以自上而下和自下而上的方式来打造毕业要求与培养目标对应矩阵、课程体系对毕业要求支撑矩阵。[1] 基于这种认证逻辑，结合师范院校课程设置现状，应提高教师教育课程比例，在原有课程的基础上增设有助于教学实践能力提高的课程，如教学设计原理和方法、教学研究的数据处理和工具运用、小学听课与评课的理论与实践等系列课程。

三、构建全程化实践教学体系

教育见习、教育实习和教育研习（以下简称"教育三习"）等教育实践课程对强化师范生的研究意识和专业意识，深化其对教育理论知识的理解，形成教学实践能力具有重要的作用。学校要将实践教学贯穿师范生的整个培养过程中，系统安排"教育三习"实践教学环节，对"教育三习"进行一体化设计，针对三者的教学目标和教学内容建立联系，构建一体设计、前后衔接、阶梯递进的实践教学体系。从纵向来看，要体现三年或五年一贯制和层层递进的特点；从横向来看，要体现与同期并行的理论教学环节有机结合的特点。既要将实践教学螺旋上升、循环往复地分布在学生整个三年或五年学习过程中，又要推动"教育三习"之间的有机整合和有效衔接。[2]

教育见习是师范生从理论学习到教育实习之间的过渡环节，在教育见习期间，师范生走进教育实践基地，通过教育观摩和接触一线教师，

———————

[1] 张有录，陈进. 关于教育技术学本科专业课程体系建设的思考 [J]. 广东工业大学学报（社会科学版），2006（4）：15-17，50.

[2] 刘国皇，高欣琪. 高校师范专业"三习"实践教学问题探析 [J]. 思想政治课教学，2022（11）：83-86.

整体了解基础教育现状，具体了解小学生的身心发展特点、教师的劳动特点，获得对师范专业的感性认识，加强对教育理论知识的理解，为教育实习和专业发展奠定初步的基础，一般应安排在三年制大一、大二，或是五年制前四年。

教育研习是指师范生在校内外教师的指导下，运用所学的教育教学理论知识，通过反思、研究和实践，不断提高教育教学能力和专业素养的过程。

师范生在完成专业课程和教师教育课程的学习后，进入教育实习阶段，通过试教、开展班主任工作，或者参加一定的教育行政工作等方式，积极参与到教育教学实践活动中，检验所学的知识和技能的应用水平，评价与反思自身的教学工作能力，最终有效促进教学实践能力提高。

值得一提的是，教学实习是师范生在校学习期间接触基础教学、锻炼教学实践能力的最有效的途径，在调查中，部分师范生反映，教学实习对师范生各方面的教学能力的提高有显著作用。[1] 因此，要强化实习管理，制定教育实习课程标准，科学安排实习内容，制订实习方案，合理安排实习组织形式，选优配强实习指导教师，加强实习过程的指导和考核，确保师范生的实习工作有目标、有成效。

---

[1] 王璇.本科师范生教学实践能力的培养研究：以山东某师范院校为例 [D].曲阜：曲阜师范大学，2015.

第二节　教学方法

陈旧呆板的教学方法不仅会挫伤学生的学习积极性，更无法高效提高学生的综合素养，从长远的培养人才角度看，未来教育事业的质量也会受到影响。[①] 师范类专业认证中的学生中心理念强调从以教师为中心转向以学生为中心，因此，改进课程实施方式，突出学生的主体地位，推动以实践为导向的教学方法应用是提高师范生教学实践能力的关键举措。通过引入实践导向的教学理念与方法，可以有效地提高师范生的教学实践能力和综合素质，更好地适应师范类专业认证的需求和社会发展的需要。[②]

一、树立实践导向的教学理念

教学理念和教学方法密切相关，教师的教学理念决定了其教学方法的选择和运用。因此，在教学过程中，要树立实践导向的教学理念，注重培养学生的实践能力、分析问题的能力、解决问题的能力和一定的研究能力，而非单纯的知识传授。教师在课堂教学中要强化实践环节，为学生提供更多的实践机会，通过自主学习、合作学习、探究学习等方式，引导学生主动参与、勤于动手、乐于探究，帮助师范生打通理论和实践的转化通道。

---

① 陈红.线上线下双重教育融合发展研究 [J].盐城师范学院学报（人文社会科学版），2018，38（6）：116-119.

② 徐雪.师范专业认证背景下师范生教学实践能力提高路径研究 [J].当代教研论丛，2023，9（9）：101-104.

二、运用案例教学法

案例教学是一种以实际问题为载体，让学生运用所学知识进行分析和决策的教学方法。教师围绕学情分析、教学目标制定、突发事件应对、试题编制等方面精心选择和设计案例。师范生通过查阅相关资料、收集信息、深入思考、剖析案例材料，踊跃发表自己的观点。然后由教师对师范生的表现进行点评，科学、准确、深入浅出地剖析案例，帮助师范生形成正确的认知。在对案例剖析讲解过后，教师要引导学生在真实的教学情境中分析问题和解决问题，以此发展师范生的教学智慧。[①]

三、实施项目式学习

项目式学习是以学生为中心，以项目为驱动，以合作交流为主要形式，鼓励学生主动探索和解决问题的一种教学方法。项目式学习往往围绕具有一定挑战性和真实性的项目主题展开；以小组形式进行，学生围绕项目进行探究协作，形成相应的项目成果，并进行汇报演示；采用多种评价方法，对学习者的学习情况给予评估；学生在评价过程中进行反思并获得发展，这也是师范类专业认证标准对师范生的要求之一。

四、采取情境教学法

通过创设情境让学生获得一定的情感体验，激发学生发展教学实践能力的主动性和积极性，在情境中习得教学技能。

---

① 谢晓专.案例教学法的升华：案例教学与情景模拟的融合[J].学位与研究生教育，2017（1）：32-36.

第三节　训练模式

师范生职业技能训练是师范教育的重要组成部分，也是提高师范生教学实践能力的重要举措之一，要从内容、形式、节点三个维度构建系统连贯的教学实践能力训练体系，有目的、有计划、系统地开展师范生教学实践能力训练活动，不断拓宽训练途径，优化教育实践培养模式，积极推动第一课堂理论教学、第二课堂实践训练之间的有机融合、深度衔接，引导师范生将掌握的知识运用于实践并使之趋于规范化。

一、紧扣内容，分类开展专项训练

教师要组织师范生围绕教学实践能力的薄弱项进行针对性训练，在训练过程中要明确预期目标、训练的方式、训练的具体安排以及考核的办法。例如，在进行汉字书写能力训练前，首先要明确通过训练可以达成的效果，如能用钢笔、粉笔书写规范汉字，笔顺正确，点画美观，结构合理，章法统一。师范生可通过参加书法社团及相关展览、每天晚自习课上规定时间练习等方式进行训练。为调动师范生参与教学实践能力训练的积极性，除进行组织安排外，还可以针对训练效果进行过关测试。

二、创新形式，建立六级训练模式

要构建学生自练、小组合练、教师导练、模拟演练、竞赛代练、过关督练六位一体的教学实践能力训练模式。

学生自练是师范生教学实践能力提高的动力源泉。师范生要充分认识到训练的目标、任务和意义，强化训练的主动性和自觉性，并结合课程相关内容，充分利用网络和信息化资源自主开展学习训练。

小组合练是以小组为基本形式，以小组成员合作性活动为机制，以小组目标达成为标准，以小组成绩为奖励依据的形式，积极构建发展共同体。每个组员必须通过自己的努力完成相应考核，考核成绩同时计入小组总成绩，如此可形成小组成员互教互助、小组之间合理竞争的良好氛围。

教师导练，是指每个小组应安排 1 名教师进行指导，在教师的指导和示范下，学生更高效地开展训练。

模拟演练，即学生在学习掌握学科教学基本理论、方法的基础上，进行教育教学的模拟实践，将学科教学的理论、方法恰当地运用于实践中。师范生可以教师资格考试和教师招聘考试的相关要求为参照，通过微格教学的方式模拟教学情境，通过观看教学录像，仔细观察教学的各个环节，积极开展撰写教案、试讲、说课、答辩等模拟演练，由指导教师和其他师范生组成的点评小组进行分析和评价，给讲授者指出其中的不足之处。[①]

竞赛代练，就是要开展说课、试讲、"三字一话"、课件制作等竞赛，通过制定竞赛制度来调动学生参与竞赛的积极性以赛促教、以赛促学，让学生在竞赛中得到锻炼、成长。

过关督练，就是要对教学实践能力各项目进行严格管理，全员考核，人人过关，对考核不合格的项目，要进行补考。考核成绩记录在学生教学实践能力考核成绩表上，载入学生学籍档案，所有考核项目成绩合格以上者颁发教学实践能力考核合格证书，考核结果与学生评优评先挂钩。

---

① 曾琼.地方综合性大学师范生从教能力培养研究 [D].扬州：扬州大学，2016.

三、把握节点，逐级推进训练进程

根据课程计划和师范生成长规律，对不同年级的师范生安排不同的训练内容、组织不同形式的训练活动。以三年制师范生为例，针对大一学生开展普通话、书法等训练，针对大二学生开展 PPT 制作、教案撰写和应用文写作等训练，针对大三学生开展说课、试讲和撰写论文等训练。

第四节　评价反馈

为了实现高专师范生教学实践能力提高这一目标，可设计评价反馈机制并充分发挥以评价促发展的功能。

一、制定清晰的目标和标准

首先，需要制定清晰的教学实践能力目标和标准，作为评价学生的依据。这些目标应与师范类专业认证的要求相一致，涵盖教学设计能力、教学实施能力、教学评价与反思能力、教学研究能力等方面。同时，标准应具体、可操作，以便学生在实践中能够明确了解并努力达到这些目标。

二、坚持评价多元化

为全面了解学生的学习情况和发展需求，教师要做到以下两点：一是评价主体多元化。在评价中，可将校内外指导教师、同伴和学生作为评价主体。同时，要充分调动校内外指导教师参与评价的积极性，将指导教师指导工作开展情况、学生教学实践表现情况与教师的考核和晋升挂钩，以激励教师更加关注学生的发展并不断提高教师的指导质量。二是评价方式多元化。要将相对评价和绝对评价、定性评价和定量评价、内部评价和外部评价、形成性评价和总结性评价相结合，确保评价的全面性、专业性、准确性、公平性。这些评价方式可以提供丰富的反馈信息，以便学生了解自己的不足之处并加以改进。

三、建立实时反馈机制

评价不仅是为了了解学生的现有水平，更重要的是通过评价反馈促使学生持续改进和发展。因此，应建立实时反馈机制，将评价结果及时传达给学生。教师在指导师范生实践的过程中，可以运用"指出突出问题—分析问题原因—提供再生意见—综合评价实践质量"这一评价指导模式，帮助师范生意识到存在的问题并提供解决建议，进而制订相应的改进计划。[①] 同时，教师可以根据评价结果调整教学策略，提供更有针对性的指导教学。

四、强调持续改进和发展

评价反馈机制应强调持续改进和发展。学生应将评价结果视为改进的契机，积极寻求提高教学实践能力的方法和途径。教师应关注学生的个体差异和需求，提供个性化的指导和支持，帮助学生实现持续改进和发展。将评价结果与学生的学业成绩挂钩，促使学生积极改进自己。为了鼓励学生积极参与评价并认真对待评价结果，可以制定相应的激励措施，对教学实践活动中表现较好、取得较大进步的师范生，应当给予相应的荣誉和奖励。针对态度不端正、不达标的师范生，应采取补考、重修、延长教学实践时间，甚至延期毕业等惩戒措施，督促师范生改进。

---

① 李海英.师范类专业认证背景下师范生实践能力培养策略研究[J].贵州师范学院学报，2022，38（4）：71-77.

五、建立合作与交流平台

设计评价反馈机制不仅是为了促进学生的发展，也是为了给师生之间、学生与学生之间、教师与教师之间提供一个合作与交流的平台。通过这个平台，学生可以分享自己的经验和教训，教师可以相互学习和交流教学经验，促进资源共享和优势互补，有助于提高整体的教学实践水平。当然，与家长的沟通与合作也必不可少。家长是学生成长的重要支持者，应重视与家长的沟通与合作。学校可以通过定期召开家长会、家长代表座谈会等方式，向家长通报学生的学习情况和发展动态，听取家长的意见和建议，增强家校之间的联系与合作，为学生的发展提供更多的资源和支持。

六、定期进行总结与反思

要想不断提高评价反馈机制的有效性，必须定期进行总结与反思。学校可以组织教师和学生定期对评价结果进行分析和讨论，总结经验和教训，并对不合理的评价标准进行调整和优化。同时，邀请同行专家对评价反馈机制进行评估和指导，以不断地提高其科学性和有效性。①

第五节　协同培养

师范生的培养需要融合多方力量，构建"三位一体"的协同培养模式。"三位一体"主要指地方师范院校、政府及中小学校通过相互配合及

---

① 芦颖，洪金中.师范类专业认证视域下实践教学模式的构建[J].经济师，2023（8）：185-186.

协作，构建更加适应教育体制改革的中小学教师培养新方式，为社会输送大批具有较高专业水平及职业素养的中小学教师。[①] 这种培养模式旨在形成"优势互补、合作共赢"的长效机制，整合高校、基础教育学校和政府三方的资源和优势，为学生提供良好的实践能力培养环境。

一、建立沟通交流机制

有效的沟通和交流是合作的基础，探索教师教育联动发展模式，打造教师教育发展共同体，推动校地合作、校校合作，实现高等师范教育和基础教育实际需求的有效对接，深化职前教师培养模式，提高师范生的培养质量。

教师教育发展共同体主要来自师范院校、地方教育行政主管部门和基础教育学校，具体包括师范院校领导、师范类专业学科带头人、骨干教师、教育行政部门领导，以及教研员、基础教育学校校长、学科带头人、骨干教师等有关人员。三方以师范生培养为主线，以推动基础教育提质升级为纽带，按照平等自愿、互利互助、共享共赢原则组成发展共同体。要依托教师教育发展共同体定期或不定期召开工作联席会议，研究制订协同培养工作计划，明确协同培养形式及三方权利和义务，总结交流工作经验，解决协同培养过程中存在的问题，提高育人实效。

二、深化合作共建机制

要加强师范院校、地方教育行政主管部门、基础教育学校的深度合作，深化合作内容，拓宽合作领域，切实提高合作效果。基于 OBE（Outcome Based Education）理念，以需求为导向，充分听取地方教育行

---

① 孙惠利."三位一体"协同创新教师培训模式探究[J].教育评论，2017（5）：118-120，165.

政主管部门和基础教育学校对人才培养目标、人才培养方案和课程体系建设的建议，结合地方发展需求、基础教育实践需要，制订或修订人才培养目标、培养方案，合理调整课程结构。充分利用三方资源，开发更丰富的、针对性强的、有利于提高师范生教学实践能力的课程资源。建立教育资源共享平台，实现资源共享、信息交流、项目合作等功能，促进三方之间深度融合和合作共赢。通过平台的建设，可以形成良好的互动机制，共同推动师范生实践能力的培养。[①] 协同推进"双导师"队伍建设，明确导师的遴选条件、要履行的职责和义务、可以享有的权利和待遇等，促进指导工作的规范化。协同建设教育实践基地，建设一批相对稳定、能够提供合适的教育实践环境和实习指导、满足师范生教育实践需求的教育实践基地。协同开展教育教学研究，重点围绕教师教育课程改革、教学实践能力提高等内容协作解决师范生培养过程中存在的问题。

第六节　条件保障

百年大计，教育为本；教育大计，教师为本。强教必先强师，一支高素质、专业化的教师队伍是师范生培养工作取得良好成效的重要人力保障。同时，师范生进行技能训练的物质环境能够为其提供真实且丰富的实践体验，是师范生培养工作中不可或缺的部分。在师范类专业认证背景下，应加强教师队伍和职业技能实训平台建设，为高专师范生教学实践能力提高提供物质、人力等条件保障。

---

① 戴亮.地方本科高校师范生教学实践能力培养策略探究[J].贵阳学院学报（社会科学版），2023，18（3）：108-112.

一、加强教师队伍建设

(一)提高高校教师的师德素养和专业水平

一方面,良好的师德素养有助于教师增强其爱岗敬业的责任感,培养无私奉献的道德情操,促使教师积极主动钻研,开展好教学实践指导工作。因此,高校要大力加强师德师风建设,形成自律与他律相结合,宣传、教育、评价、监督、奖惩一体化的师德师风长效机制,将教师的职业道德行为引导到高校和社会期望的轨道上来,为师范生培养营造良好的育人环境。

另一方面,高校教师良好的专业水平是促进师范生教学实践能力提高的有效保障。一名优秀的指导教师,是集理论积淀、实践经验、指导技能和职业责任感于一身的高素质专业人才。[①] 目前,部分高校教师虽然有较丰富的教育理论知识,但实践经验不足,师范生职前养成和职后发展一体化指导能力欠缺,影响师范生教学实践能力培养效果。因此,要健全培养培训机制,如大力实施青蓝结对工程,选派优秀教师担任青年教师导师,加速青年教师能力提高;定期组织教师参加教学与研究能力提高培训、信息技术应用培训等,推动教师教育能力培训常态化。

(二)加大人才引进力度

优先招聘具有良好专业背景和丰富实践经验的教师,尤其是要加大硕士和博士层次人才的引进力度。针对因办学层次低对博士层次人才吸引力不够的问题,学校可鼓励在职教师读博,优化学历结构,确保硕士、

[①] 冯利,于海波,唐恩辉.准教师教学实践能力的现状考查与提高策略研究[J].黑龙江高教研究,2013,31(2):56-59.

博士学位教师占比不低于30%，配优建强教师教育类师资力量。

（三）探索"双导师"共同发展机制

探索"协同教研""双向互聘""岗位互换"等教师发展新机制，高校教师与基础教育学校教师要围绕基础教育和教材教法、学生需求等联合开展教学研究和教学改革活动；高校教师教育课程教师要到基础教育学校一线进行实践活动，积极参与备课、听课、教研及师资培训等，不断丰富实践经验。学校应对挂职教师的课程安排、年终考核、绩效分配、奖励评优等方面作进一步统筹和安排，为教师研修提供保障；要邀请基础教育学校一线教师担任教师教育课程兼职教师，指导师范生进行教学实践，充实教师队伍，形成"双导师"育人机制，提高育人实效。[①]

二、加强教师职业技能实训平台建设

教师职业技能实训平台为师范生进行教育教学和开展职业技能训练提供了基本条件和设施保障。师范生培养院校应按照"科学规划、合理布局、资源共享、注重实效"的原则加强教师职业技能实训平台建设，满足"三字一话"、微格教学、实验教学、艺术教育等实践教学需要，适应师范生专业素养的培养要求。

（一）通用技能实训平台和专业技能实训平台

教师职业技能实训平台分为通用技能实训平台和专业技能实训平台两类。通用技能实训平台适用于所有师范专业，着重培养师范生在沟通表达、团队协作、信息技术应用等方面的基础能力。专业技能实训平台

---

① 杨文星.新时期师范专业认证背景下英语专业师资队伍的建设：以扬州大学外国语学院为例[J].教育教学论坛，2021（44）：18-21.

则要依据不同学科和教育阶段的特点，有针对性地开展实训，为师范生提供贴合实际教学需求的训练。

（二）必建和选建项目

必建项目，顾名思义，就是培养师范生的院校必须建设的项目，这些项目通常涵盖了最基础、最核心的技能训练。选建项目，是在满足基本培养要求的基础上，为了进一步拓宽师范生的专业视野、适应特定领域需求而设置的，选建项目具有一定的灵活性和选择性，有条件的高校可以选择性建设。

教学实践能力的培养是师范类专业认证的核心内容。师范生培养院校要以推动师范类专业认证工作为契机，重构课程体系，推动以学生为中心、以实践为导向的教学方法应用，不断丰富师范生教学实践能力的训练形式，建立评价反馈机制，推进地方师范院校、政府和基础教育学校协同培养工作，加强教师队伍建设和职业技能实训平台建设，从源头上提高教师队伍的整体素质和专业化水平，全面提高师范生的教学实践能力，强化师范生的培养效果。

参考文献

[1] 彭艳红，廖军和.专业认证背景下师范生教育实践能力结构及指标体系构建 [J].贵州师范学院学报，2018，34（3）：72-79.

[2] 刘晓茜.高等师范院校学生教学实践能力培养研究——以新建本科师范院校为例 [D].沈阳：沈阳师范大学，2011.

[3] 王璇.本科师范生教学实践能力的培养研究——以山东某师范院校为例 [D].曲阜：曲阜师范大学，2015.

[4] 谢鸿，陈玉群，罗发智，等.体育教育专业师范生教学实践能力评价指标模型的构建研究 [J].体育科技文献通报，2023，31（6）：160-164，274.

[5] 张人崧，姚庆霞.高校师范生教学实践能力现状及培养研究——以 Y 大学小学教育专业为例 [J].现代职业教育，2019（25）：14-15.

[6] 吴敏贤.高校师范生教学实践能力现状及对策研究 [D].镇江：江苏大学，2020.

[7] 李红玲.数学师范生教学实践能力的抽样调查与培养探究 [J].西昌学院学报（自然科学版），2019，33（4）：120-124.

[8] 马燕妮.体育教育专业公费师范生教学实践能力现状调查研究 [D].重庆：西南大学，2022.

[9] 曲亚丽.本科师范生"双导师 +"教学实践能力培养模式研究——以青海师范大学小学教育全科专业为例 [D].西宁：青海师范大学，2017.

[10] 郭多华，张晓丹，周兰，等.高师院校本科师范生教学实践能力培养的全

程化探索 [J]. 成都师范学院学报，2021，37（4）：63-69.

[11] 郑国萍，孙秋霞，侯开欣，等. 基于师范生教学实践能力培养的混合式教学模式研究：以河北科技师范学院小学教育专业为例 [J]. 办公自动化，2022，27（3）：59-61.

[12] 朱月. 高校师范生教学实践能力培养模式研究 [J]. 辽宁师专学报（社会科学版），2022（5）：112-115.

[13] 瞿振元. 本科教学工作审核评估的常态化建设 [J]. 重庆高教研究，2020，8（3）：5-10.

[14] 王红. 专业认证给师范教育带来哪些改观 [N]. 光明日报，2020-05-12（13）.

[15] 杨静. 教研结合培养研究生的创新能力 [J]. 实验技术与管理，2016，33（3）：26-29.

[16] 杨俊东，蔡光卉，罗亚军，等. 低年级学生的生产参观实习教学的实践 [J]. 电气电子教学学报，2015（1）：46-48.

[17] 孙西朝，杨爱鑫，宋勇，等. 新时代教师信息化教学能力的内涵与提高路径 [J]. 邢台学院学报，2024，39（1）：126-131.

[18] 冯跃祥. 中国教师核心素养概念界定研究 [J]. 知识文库，2024，40（7）：52-55.

[19] 梁晨，廖园园，李伟健，等. 成为文化创新型审辨性实践者：教师教学角色的新审视 [J]. 中国电化教育，2023（11）：45-52，71.

[20] 赵荣辉，包宏宇. "双减"背景下教师的角色转换 [J]. 内蒙古师范大学学报（教育科学版），2023，36（5）：83-87.

[21] 陈静. 专家型教师的教学风格与文化风骨 [J]. 江苏教育，2022（38）：11-15.

[22] 郝晓东. 新时代教师自主发展的困境与路径 [J]. 新课程评论，2022（1）：28-35.

[23] 桑志军. 反思性学习实践者的内涵、特征及培养 [J]. 教育理论与实践，2012，32（23）：48-50.

[24] 施良方. 课程理论：课程的基础、原理与问题 [M]. 北京：教育科学出版社，1996.

[25] 王本陆. 课程与教学论 [M]. 北京：高等教育出版社，2004.

[26] 李定仁，徐继存.课程论研究二十年：1979～1999[M].北京：人民教育出版社，2004.

[27] 张大均.教育心理学[M].2版.北京：人民教育出版社，2011.

[28] 陈琦，刘儒德.当代教育心理学[M].2版.北京：北京师范大学出版社，2007.

[29] 杨文明.高职项目教学理论与行动研究[M].北京：科学出版社，2008.

[30] 罗晓杰.国内外教师专业发展阶段研究述评[J].教育科学研究，2006（7）：53–56.

[31] 张奇.样例学习理论述评与规则样例学习认知理论的建立[J].辽宁师范大学学报（社会科学版），2016，39（5）：53–64.

[32] 叶澜.让课堂焕发出生命活力：论中小学教学改革的深化[J].教育研究，1997（9）：3–8.

[33] [德]赫尔巴特.普通教育学·教育学讲授纲要[M].李其龙，译.北京：人民教育出版社，1989.

[34] [美]杜威.学校与社会·明日之学校[M].赵祥麟，任钟印，吴志宏，译.北京：人民教育出版社，2005.

[35] 郑涵悦.高职师范生创新能力培养的教学体系构建研究[J].学周刊，2023（3）：34–36.

[36] 全国十二所重点师范大学.教育学基础[M].3版.北京：教育科学出版社，2014.

[37] 陈晓慧.教学设计[M].2版.北京：电子工业出版社，2009.

[38] 黄济，劳凯声，檀传宝.小学教育学[M].3版.北京：人民教育出版社，2019.

[39] 黎翔.教育学[M].北京：航空工业出版社，2014.

[40] 傅建明.教育学基础：中学[M].北京：北京大学出版社，2018.

[41] 颜茹.S大学小学教育专业学生教学实践能力培养研究[D].锦州：渤海大学，2019.

[42] 唐世纲.师范生教学技能的理论框架与实训机制[J].教育评论，2016（5）：107–109.

[43] 董新良，闫领楠，赵越.教师教育课程一体化构建：问题、理念及对策——

以地方高师院校为例 [J]. 教师教育研究，2020，32（1）：1-7.

[44] 张有录，陈进 . 关于教育技术学本科专业课程体系建设的思考 [J]. 广东工业大学学报（社会科学版），2006（4）：15-17，50.

[45] 刘国皇，高欣琪 . 高校师范专业"三习"实践教学问题探析 [J]. 思想政治课教学，2022（11）：83-86.

[46] 陈红 . 线上线下双重教育融合发展研究 [J]. 盐城师范学院学报（人文社会科学版），2018，38（6）：116-119.

[47] 徐雪 . 师范专业认证背景下师范生教学实践能力提高路径研究 [J]. 当代教研论丛，2023，9（9）：101-104.

[48] 谢晓专 . 案例教学法的升华：案例教学与情景模拟的融合 [J]. 学位与研究生教育，2017（1）：32-36.

[49] 曾琼 . 地方综合性大学师范生从教能力培养研究 [D]. 扬州：扬州大学，2016.

[50] 李海英 . 师范类专业认证背景下师范生实践能力培养策略研究 [J]. 贵州师范学院学报，2022，38（4）：71-77.

[51] 芦颖，洪金中 . 师范类专业认证视域下实践教学模式的构建 [J]. 经济师，2023（8）：185-186.

[52] 孙惠利 . "三位一体"协同创新教师培训模式探究 [J]. 教育评论，2017（5）：118-120，165.

[53] 戴亮 . 地方本科高校师范生教学实践能力培养策略探究 [J]. 贵阳学院学报（社会科学版），2023，18（3）：108-112.

[54] 冯利，于海波，唐恩辉 . 准教师教学实践能力的现状考查与提高策略研究 [J]. 黑龙江高教研究，2013，31（2）：56-59.

[55] 杨文星 . 新时期师范专业认证背景下英语专业师资队伍的建设：以扬州大学外国语学院为例 [J]. 教育教学论坛，2021（44）：18-21.

附　录

一、访谈提纲

（一）高专师范生教学实践能力访谈提纲（学生）

1. 你怎样看待教师教育课程？你觉得它对于提高你的教学实践能力帮助大吗？现有的课程可以满足教学中的实际需求吗？

2. 你对学校课程安排有什么建议吗？

3. 你所在系部的教育见习、研习和实习开展得怎样？你觉得教育见习、研习和实习过程中存在的问题是什么？

4. 你所在学校对教育见习、研习和实习是怎样进行考核与评价的？

5. 校内和校外实习指导老师的指导情况如何？有什么建议？

6. 你对自己教学实践能力的哪些方面不太满意？

（二）高专师范生教学实践能力访谈提纲（校内外导师）

1. 您对学生的指导主要体现在哪些方面？主要通过什么方式或方法进行指导？

2. 您认为学生在实习中主要存在什么问题？如何改进？

3. 学校对您指导学生的工作是否有激励和监督机制？

4. 您觉得师范生的教学实践能力还存在哪些不足？

5. 对于加强师范生的教学实践能力，您有什么建议？

二、调查问卷

高专师范生教学实践能力现状调查问卷

敬爱的同学：

您好！感谢您百忙之中抽出时间来填写这份问卷。为了解师范生教学实践能力现状，有针对性地加强师范生教学实践能力培养，现对师范生教学实践能力状况进行调查。本次问卷调查不记名，调查数据仅作科研用，请您放心，并实事求是地填写。感谢您对本次调查的支持。

1. 您的性别（　　）。

A. 男　　　　　　　B. 女

2. 您的专业（　　）。

A. 文科类　　　　B. 理科类　　　　C. 艺体类

3. 您的学制（　　）。

A. 三年制　　　　B. 五年制

4. 您能根据课程标准要求和学情分析确定恰当的教学目标（　　）。

A. 非常不符合　　B. 比较不符合

C. 一般符合　　　D. 比较符合

E. 非常符合

5. 您了解分析学生学习需求的基本方法（　　）。

A. 非常不符合　　B. 比较不符合

C. 一般符合　　　D. 比较符合

E. 非常符合

6. 您能根据学生已有的知识水平、学习经验和兴趣特点，分析教学内容与学生已学知识的联系，预判学生学习的疑难处（　　）。

A.非常不符合　　B.比较不符合

C.一般符合　　D.比较符合

E.非常符合

7.您能合理安排教学过程和环节（　　）。

A.非常不符合　　B.比较不符合

C.一般符合　　D.比较符合

E.非常符合

8.在教学中，您能根据实际情况恰当选择讲授法、讨论法、谈话法、演示法等教学方法（　　）。

A.非常不符合　　B.比较不符合

C.一般符合　　D.比较符合

E.非常符合

9.您熟悉任教学科的课程标准和教材，理解教材的编写逻辑和体系结构（　　）。

A.非常不符合　　B.比较不符合

C.一般符合　　D.比较符合

E.非常符合

10.您能准确地把握教材的重点、难点（　　）。

A.非常不符合　　B.比较不符合

C.一般符合　　D.比较符合

E.非常符合

11.您能创设教学情境，建立学习内容与生活经验之间的联系，激发学习兴趣，引导学生积极参与学习活动（　　）。

A.非常不符合　　B.比较不符合

C. 一般符合　　　D. 比较符合

E. 非常符合

12. 您能合理设置提问与讨论，引导学生主动学习和探究学习，达成学习目标（　　）。

A. 非常不符合　　　B. 比较不符合

C. 一般符合　　　D. 比较符合

E. 非常符合

13. 您能根据学生课堂反应及时调整教学活动，控制教学时间和教学节奏（　　）。

A. 非常不符合　　　B. 比较不符合

C. 一般符合　　　D. 比较符合

E. 非常符合

14. 您能够科学准确地呈现和表达教学内容（　　）。

A. 非常不符合　　　B. 比较不符合

C. 一般符合　　　D. 比较符合

E. 非常符合

15. 您能熟练运用多媒体及软件展示教学内容（　　）。

A. 非常不符合　　　B. 比较不符合

C. 一般符合　　　D. 比较符合

E. 非常符合

16. 您能与学生保持良好的互动和沟通，充分发挥学生的主体性（　　）。

A. 非常不符合　　　B. 比较不符合

C. 一般符合　　　D. 比较符合

E. 非常符合

17.您的板书设计简明、精要、美观、重点突出、布局合理（　　）。

A.非常不符合　　　B.比较不符合

C.一般符合　　　　D.比较符合

E.非常符合

18.您能妥善处理教学中出现的突发情况（　　）。

A.非常不符合　　　B.比较不符合

C.一般符合　　　　D.比较符合

E.非常符合

19.上课时，您非常重视通过肢体语言引导学生（　　）。

A.非常不符合　　　B.比较不符合

C.一般符合　　　　D.比较符合

E.非常符合

20.您的普通话标准，能够运用准确、简练、规范、有条理的口语表达教学内容（　　）。

A.非常不符合　　　B.比较不符合

C.一般符合　　　　D.比较符合

E.非常符合

21.您能根据学生特点，指导学生开展自主、合作、探究性学习（　　）。

A.非常不符合　　　B.比较不符合

C.一般符合　　　　D.比较符合

E.非常符合

22.您能合理选择与整合信息技术资源，为学生提供丰富的学习机会和个性化学习体验（　　）。

A.非常不符合　　　B.比较不符合

C. 一般符合　　　D. 比较符合

E. 非常符合

23. 您能运用课堂结束技能，引导学生对学习内容进行归纳、总结，合理布置作业（　　）。

A. 非常不符合　　　B. 比较不符合

C. 一般符合　　　D. 比较符合

E. 非常符合

24. 您能对自己的教学工作进行全面客观的评价（　　）。

A. 非常不符合　　　B. 比较不符合

C. 一般符合　　　D. 比较符合

E. 非常符合

25. 您能熟练掌握试题命制的方法与技术（　　）。

A. 非常不符合　　　B. 比较不符合

C. 一般符合　　　D. 比较符合

E. 非常符合

26. 您能合理选取和运用评价工具（测验、问卷、观察记录），评价学习活动和学习成果（　　）。

A. 非常不符合　　　B. 比较不符合

C. 一般符合　　　D. 比较符合

E. 非常符合

27. 您能准确收集学生的学习反馈，跟踪、分析教学与学生学习过程中存在的问题与不足（　　）。

A. 非常不符合　　　B. 比较不符合

C. 一般符合　　　D. 比较符合

E. 非常符合

28. 您能运用批判性思维分析、研究和解决教育教学实践问题（　　）。

A. 非常不符合　　B. 比较不符合

C. 一般符合　　　D. 比较符合

E. 非常符合

29. 您能掌握和运用教育教学反思的基本方法和策略（　　）。

A. 非常不符合　　B. 比较不符合

C. 一般符合　　　D. 比较符合

E. 非常符合

30. 您能在教学研究中明确关键问题并认识其研究价值（　　）。

A. 非常不符合　　B. 比较不符合

C. 一般符合　　　D. 比较符合

E. 非常符合

31. 您能掌握和运用教育教学科研的基本方法分析、研究小学教育教学实践问题，并尝试提出解决问题的思路与方法（　　）。

A. 非常不符合　　B. 比较不符合

C. 一般符合　　　D. 比较符合

E. 非常符合

32. 您具有撰写教育教学研究论文的基本能力（　　）。

A. 非常不符合　　B. 比较不符合

C. 一般符合　　　D. 比较符合

E. 非常符合

33. 从课程与教学来看，您所在专业对教学实践能力的培养达到您的预期要求（　　）。

A. 非常不符合　　B. 比较不符合

C. 一般符合　　　D. 比较符合

E. 非常符合

34. 目前所有课程中实践课程所占的比例提高（　　）。

A. 非常不符合　　B. 比较不符合

C. 一般符合　　D. 比较符合

E. 非常符合

35. 您所学的课程内容引入了教育研究最新成果、优秀小学教育教学案例，并能够根据您的学习状况及时更新、完善（　　）。

A. 非常不符合　　B. 比较不符合

C. 一般符合　　D. 比较符合

E. 非常符合

36. 学校会开展形式多样的具有教师教育特色的校园文化活动（　　）。

A. 非常不符合　　B. 比较不符合

C. 一般符合　　D. 比较符合

E. 非常符合

37. 学校对教育实习的管理和监督非常严格（　　）。

A. 非常不符合　　B. 比较不符合

C. 一般符合　　D. 比较符合

E. 非常符合

38. 学校指导老师对您的教学实践（见习、实习）的指导质量非常高（　　）。

A. 非常不符合　　B. 比较不符合

C. 一般符合　　D. 比较符合

E. 非常符合

39. 实践基地指导老师对您的教学实践（见习、实习）的指导质量非常高（　　）。

A. 非常不符合　　B. 比较不符合

C. 一般符合　　　D. 比较符合

E. 非常符合

40. 学校有系统的教学实践能力考核评价体系，能全面客观反映您的
教学实践表现情况（　　）。

A. 非常不符合　　B. 比较不符合

C. 一般符合　　　D. 比较符合

E. 非常符合

41. 学校开展师范生技能实训活动的设备设施场地非常完备，能满足
"三字一话"、微格教学、实验教学、艺术教育等实践教学需要（　　）。

A. 非常不符合　　B. 比较不符合

C. 一般符合　　　D. 比较符合

E. 非常符合

42. 学校的教育类图书资源完全能满足您的专业学习需要（　　）。

A. 非常不符合　　B. 比较不符合

C. 一般符合　　　D. 比较符合

E. 非常符合

43. 您对本专业专兼任教师的教学有较高的满意度（　　）。

A. 非常不符合　　B. 比较不符合

C. 一般符合　　　D. 比较符合

E. 非常符合

44. 教师主要采取哪些方式为您授课（　　）。

A. 讲授　　　　　B. 探究教学　　　　C. 小组合作

D. 案例教学　　　E. 现场教学　　　　F. 其他

45. 您在实习过程中独立讲课的课时数是多少（　　）。

A.0 课时　　　　　　B.1～10 课时　　　　　C.11～20 课时

D.21～30 课时　　E.31～40 课时　　　　　F.40 课时以上

46. 您参加过的教学实践活动有哪些（　　）。

A. 专项技能训练　　　　B. 模拟课堂　　　　　　C. 技能大赛

D. 教育见习　　　　　　E. 微格教学　　　　　　F. 教育实习

G. 其他